山东省社会科学规划研究项目：体医融合视域下山东智慧健康服务供给路径的构建(20BTYJ02)

健康中国视域下体育健身的路径与方法研究

田 敏 程 昊 王 宏 ◎著

图书在版编目（CIP）数据

健康中国视域下体育健身的路径与方法研究/田敏，程昊，王宏著.--长春：吉林出版集团股份有限公司，2022.6

ISBN 978-7-5731-1572-0

Ⅰ.①健… Ⅱ.①田…②程…③王… Ⅲ.①体育锻炼—研究 Ⅳ.① G806

中国版本图书馆 CIP 数据核字（2022）第 096175 号

健康中国视域下体育健身的路径与方法研究
JIANKANG ZHONGGUO SHIYU XIA TIYU JIANSHEN DE LUJING YU FANGFA YANJIU

著　　者：	田　敏　程　昊　王　宏
责任编辑：	矫黎晗
装帧设计：	马静静
出　　版：	吉林出版集团股份有限公司
发　　行：	吉林出版集团青少年书刊发行有限公司
地　　址：	吉林省长春市福祉大路 5788 号
邮政编码：	130118
电　　话：	0431-81629808
印　　刷：	北京亚吉飞数码科技有限公司
版　　次：	2023 年 3 月第 1 版
印　　次：	2023 年 3 月第 1 次印刷
开　　本：	710mm×1000mm　1/16
印　　张：	13.75
字　　数：	220 千字
书　　号：	ISBN 978-7-5731-1572-0
定　　价：	86.00 元

如发现印装质量问题，影响阅读，请与印刷厂联系调换。电话：010-82540188

前言

　　健康始终是人民群众关注的重点，也是党和政府工作的焦点。近年来，以习近平同志为核心的党中央从战略的高度统筹谋划卫生与健康事业，提出健康中国战略，将健康事业融入国家发展大局，以期促进人民健康水平的提高，为中国特色社会主义事业添彩。在健康中国的大背景下，健康的理念更加深入人心，人们的健康观发生了很大的变化。体育健身是促进健康的有效手段，对促进与维护人的健康具有重要意义。每个人的健康都需要通过适当的体育运动来维持，如果长期缺乏适当的体育运动，必然会直接影响人的身心健康，导致维持人体生命活动的各个系统失去平衡。随着经济的快速发展，人们的生活质量有了显著的提升，对体育健身的需求也越来越高，因而在健康中国视域下加强体育健身的理论研究，并科学指导大众参与体育健身实践，对满足大众的健身与健康需求，提高全民健康水平和推进健康中国建设具有重要意义。基于此，作者在查阅大量相关著作文献的基础上，精心撰写了本书。

　　本书共有九章。第一章阐释健康中国基础理论，以了解本书的研究背景。第二章分析我国国民体质现状，以了解国民的健康状况，为进行体育健身指导而提供依据。第三章和第四章分别研究体育健身的理论机制、方法手段，为大众参与体育健身提供理论和方法指导。第五章至第八章分别对体能素质培养方法、实用体育健身路径、时下流行体育健身路径以及不同人群的体育健身方法展开研究，从而为大众提升体能素质以及参与不同体育健身活动而提供实践指导。第九章在健康中国视域下探索促进国民健康的体医融合路径，通过体育和医疗相结合的方式为国民健康保驾护航。

总体而言,本书具有以下几个特点:

第一,系统性。本书以健康中国为背景对体育健身展开研究。首先阐释健康中国背景,分析国民体质状况,然后分别对体育健身的理论及不同体育项目健身路径与方法展开研究,最后探索健康促进的新路径——体医结合。整体来看,结构完整,脉络清晰,内容丰富,具有较强的系统性。

第二,实用性。本书在体育健身研究中探讨了体能锻炼方法、不同体育项目的健身方法、不同人群体育健身指导,这些实践层面的研究对人们参与体育健身锻炼具有重要的实用性指导价值。

第三,时代性和创新性。健康中国是党中央从长远发展和时代前沿出发做出的一项重要战略安排,它基于人民对美好生活的需求,旨在全面提高人民健康水平、促进人民健康发展,为新时代建设健康中国明确了具体落实方案。本书在健康中国背景下进行体育健身研究,具有重要的时代意义。此外,本书在体育健身路径研究中提出了具有创新意义的体医结合新路径,指出医学的目标是防治疾病,体育的目标是增强体质,医学和体育在维护健康、促进健康方面紧密联系,都承担着提高人类健康素质的任务。在健康中国视角下体育与医疗深度联合,共同促进人类健康势在必行。

总之,本书主要在健康中国背景下对体育健身进行研究,具体包括体育健身的科学理论和丰富多样的体育健身路径与方法。期望本书能够为科学指导人们进行体育健身锻炼、提升国民健康水平、尽早实现健康中国战略目标而做出贡献。

全书由田敏、程昊、王宏撰写,具体分工如下:

第八章、第九章:田敏(山东体育学院);

第一章至第四章:程昊(山东体育学院);

第五章至第七章:王宏(山东体育学院)。

在本书的撰写过程中,作者不仅参阅、引用了很多国内外相关文献资料,而且得到了同事亲朋的鼎力相助,在此衷心表示感谢。由于作者水平有限,书中难免有疏漏之处,恳请同行专家及读者批评指正。

作　者

2022 年 2 月

目录

第一章　健康中国的发展背景及意义 … 1
- 第一节　健康中国的背景及内涵 … 3
- 第二节　健康中国的重要政策 … 12
- 第三节　健康中国战略的意义 … 17

第二章　健康中国背景下我国国民体质现状分析 … 21
- 第一节　我国国民体质现状调查 … 23
- 第二节　我国国民体质存在的问题分析 … 31
- 第三节　健康中国引领下我国国民体质增强的对策 … 32
- 第四节　健康中国与体育健身的关系 … 37

第三章　健康中国视域下体育健身的理论与机制 … 43
- 第一节　体育健身的多学科理论基础 … 45
- 第二节　体育健身的科学原理 … 55
- 第三节　体育健身与保健 … 57

第四章　健康中国视域下体育健身的科学手段与方法指导 … 71
- 第一节　做好必要的准备活动与整理活动 … 73
- 第二节　体育健身的科学原则 … 84
- 第三节　体育健身的科学方法 … 88
- 第四节　体育健身计划的制定与实施 … 90

第五章　健康中国视域下人体五大体能素质的培养与提升……97
- 第一节　力量素质培养与提升……99
- 第二节　速度素质培养与提升……103
- 第三节　耐力素质的培养与提升……107
- 第四节　柔韧素质培养与提升……110
- 第五节　灵敏素质培养与提升……113

第六章　健康中国视域下大众实用体育健身路径与方法指导……121
- 第一节　健身走与健身跑……123
- 第二节　社区体育健身路径……133
- 第三节　游泳健身……138

第七章　健康中国视域下时下流行体育健身路径与方法指导……145
- 第一节　健身房器械健身……147
- 第二节　轮滑健身……150
- 第三节　健美操健身……154
- 第四节　广场舞健身……164

第八章　健康中国视域下不同人群的体育健身指南……171
- 第一节　不同年龄人群的体育健身……173
- 第二节　女性群体的体育健身……181
- 第三节　特殊群体的体育健身……185

第九章　健康中国视域下体医融合的路径探索……191
- 第一节　体医融合的理论与价值……193
- 第二节　体医融合的前景与发展趋势……199
- 第三节　体医融合的案例分析……205
- 第四节　体医融合理论指导下的智慧健康服务路径研究……206

参考文献……209

第一章
健康中国的发展背景及意义

"健康是促进人的全面发展的必然要求,是经济社会发展的基础条件,是民族昌盛和国家富强的重要标志,也是广大人民群众的共同追求。"[①] 这是习近平关于健康中国发展的重要讲话内容。健康中国是我们国家在新时期发展中提出的重要发展战略。它体现了我国以健康为根本的发展观,以维护人民安全健康同中国共产党"人民至上"的执政理念、实现中华民族伟大复兴的宏伟目标、巩固党长期执政的组织基础紧紧联系在一起。健康是促进社会发展的重要因素,是促进国泰民安的重要前提。紧紧依靠社会联动的大处方,打造全方位、全周期保障人民健康的防线,是习近平提出的重要指示,也是健康中国发展的重要目标。本章从健康中国的背景及内涵、健康中国的重要政策以及健康中国战略的意义三个方面展开论述,力求将健康中国的提出背景、重要内容以及长远的战略意义进行透彻的阐述,从而达到在健康中国视阈下,为建设我国体育健康发展路径的顺利展开起到一定的促进作用。

---

① 习近平.《习近平谈治国理政》第 2 卷[M].北京:外文出版,2017.

第一节　健康中国的背景及内涵

一、健康中国的背景

(一)健康中国是适应新常态的必然发展

2008年全球爆发了严重的金融危机,从而导致全球经济都进入长周期的经济下行区间,短期内不可能得到恢复。此时,我国经济发展进入"新常态",这是提出"健康优先发展"的时代背景。在全球经济下行这一必然趋势下,如果我国继续沿用之前促进经济增长的手段显然已经不合时宜。在这种情况下,我们国家以高瞻远瞩的战略思维对改革发展提出新的布局,以谋求新的发展动力。

改革开放后,经过二十多年的快速发展,我国的经济发展取得了令世界瞩目的成绩。但与此同时,我们也看到社会在超速发展的阶段不可避免地带来一些弊端。比如,当全体国民集中精力搞经济建设的时候,我们的环境资源受到不同程度的破坏,激烈的社会竞争无时无刻不在挑战人们的生理和心理承受能力,而健康意识的薄弱使现代文明病快速增长。这是物质发展与人类自身发展的一种矛盾表现。然而人是社会生产力的主要因素,只有人民健康才是社会发展的根本意义,才能提高发展质量和发展效益,我们的社会发展才具有持续长久的人力资源。就在这样的关键时期,我国领导人提出以人民为中心的健康中国战略思想,这是应对当时国际经济环境与国内发展态势的智慧之举。

社会的高速进步,需要人民拥有健康的身心水平。在早期的快速发展期,人们的健康意识普遍较为薄弱,这种认知显然具有局限性。习近平曾经多次强调社会经济发展与人民健康的关系,他指出人民健康是社会和国家发展的根本目的。人民健康是推动社会发展的重要力量,而经济发展是人民健康的重要保障,因此应该用全局发展的眼光来看待二者的关系。

从西方发达国家的发展经验来看,完善的社会保障体系、劳动者的素质水平以及相对稳定的劳动关系是社会和经济稳定发展的重要条件。

反观我国的情况,由于我国的很多行业还处于关键的变革时期,甚至有些处于萌芽发展时期,对技术、人才的需求非常高。加之我国社会经济发展并不均衡,且人口流动大,劳动者的健康保障不健全,这些因素在某种程度上制约着我国社会的发展。

因此,在"新常态"的历史发展阶段,我国把改革和完善医疗保障系统和全面提升国民的健康水平作为未来工作的重点内容。由于社会医疗保障系统的不健全,以及人们健康意识的薄弱,导致很多家庭出现因病致贫的社会问题,这对我国的社会稳定和持续发展都形成了不利的影响。要解决这一问题,需要向人民提供稳定的医疗服务,才能积极促进依靠国内消费推动经济发展的基本目标。当前,必须重视起社会和民生发展的诸多不足,及时进行因势利导,努力使经济发展和社会发展的不平衡、物质资本和人力资本发展不平衡的问题得到妥善解决。

当前,发达国家的健康问题及发展中国家的健康问题在我国同时并存。这也是我们国家面临的现实困境。然而我们有足够的信心和耐心,相信只要认真贯彻和执行国家的政策,积极投入"新常态"的建设中,坚持以预防为主,大力发展医疗卫生事业,就能在节约成本的基础上有效维护我国人民的健康。

(二)健康中国是立足中国的经验和需要

以基层为重点,以改革创新为动力,预防为主,中西医并重,将健康融入所有政策,人民共建共享。[①] 这是习近平在2016年的全国卫生和健康大会上做出的重要讲话,对我国卫生与健康工作做出了明确的指示。这些工作方针是从我国的实际国情出发、从现阶段的发展需要出发而制定的政策,它同时也体现出我国领导人和广大人民对我国制度优势及中华文化的坚定信念。

健康中国发展战略是立足于中国自己的经验和需要,并没有硬搬西方的模式,而是依据我国的具体国情建立的具有中国特色的医疗卫生发展模式。"健康中国"战略是在国际经济进入下行趋势而中国社会经济需要新的增长动力的前提下提出的,是我国可持续发展的重要战略。"穷、愚、病"是很多发展中国家面临的难题。我国在近几十年中发展迅猛,尤其在经济方面成绩突出,这为我们国家和社会的持续发展提供了

---

① 李玲,江宇.健康中国战略将开启新时代[J].中国党政干部论坛,2016(09).

强劲的基础作用。人民的健康情况成为我国新时代发展的重要工作。我们国家提倡人的全面发展，努力提高全体国民的身体素质和健康卫生建设，加大人力资源的培养力度。因为人力资本是促进我国经济增长和社会发展的重要力量。这就需要建立一个科学的社会保障体系，这对于国家和社会的持续发展具有重要意义。

健康危机是全球各个国家共同面临的挑战，而"健康中国"战略的提出是中国在国内外复杂形式中找到的一条非常符合中国国情的发展方针。我国要逐步实现社会主义现代化就要加强经济建设，而经济建设需要强有力的人力资源的支撑。在这个特殊的转折阶段，我们国家智慧地将中国传统文化资源和社会主义国家的制度优势资源相结合，大力推行健康中国的发展模式，把发展健康作为当前的重要工作内容。这对于增强中国在国际社会的文化影响力、推动我国国际形象以及发展新的经济增长动力都具有十分重要的意义。与此同时，要努力建设具有中国特色的社会主义卫生健康道路，并将自己的成功经验分享给其他国家，为全人类的健康做出贡献。

二、健康中国的意涵

（一）政策意涵

健康中国战略是国家、社会、个人的共建共享的发展战略。在这一过程中，关注健康、促进健康将成为国家、社会、家庭以及每个中国国民的共同责任与行动。在国家层面的统筹规划下，全社会形成强有力的建设健康中国的共识，这是我们国家制度优势的重要体现，也是我国在全球经济不利的环境下依然能够保持强劲发展的重要因素。健康中国战略是对环境发展和国民健康发展的持续发力，是持续改善我国公众健康状况的重要政策。

（二）社会发展意涵

中国健康建设的早期阶段，健康领域的主要工作是以疾病的治疗为中心展开的。然而，两千多年前中国著名的医学典籍《黄帝内经》中早就有关于"上医治未病"的论述。尽管随着人类科学与医学的进步，人类的寿命呈现延长的趋势，然而医学医疗对于人类健康的影响是有限的，经济水平、自然环境、社会发展以及社会保障系统等才是健康的决定因素。健康中国战略的内涵,就是从原来以疾病治疗为主向着全面促进健康发展,从健康影响因素的广泛性、社会性、整体性出发进行综合治理。①

三、健康中国的战略内容

（一）推广健康生活理念

1. 贯彻健康理念

首先需要加强健康教育的力度和广度,深入推广健康理念。它包括两方面的内容,一是从基础教育开始加强健康教育,二是提高全民的健康意识。

（1）健康应该从娃娃抓起,加强对学生的健康教育。通过学校的教育和培养,让学生们从小就养成科学的健康理念。这需要提高体育教学在学校教育中的地位,提高对体育教师的培养力度。只有全面地提高体育教学在校园中的发展环境,才能逐渐提高人们对体育运动的了解和认识,推广健康生活的理念,养成良好的生活习惯和终身体育的意识。

（2）提高全民的健康意识。首先,在环境设施方面要重视基层健康服务体系的建设和完善。其次,还要加强社区的健身环境和健身设施的建设,逐渐培养居民的健身习惯,帮助他们掌握科学的运动方法。最后,要从家庭层面推广全民健身活动,尤其是普及健康知识和生活方式。可以根据各个地区人群的健康水平和主要问题表现,积极开展健康专项行动,比如健康体重、健康口腔、健康骨骼、健康生活习惯等。

2. 提倡健康的生活方式

对于我们普通民众来说,健康的生活方式应该包括健康的心理、健康的生活习惯、健康的饮食以及健康的人际关系。

（1）健康的心理包括怀着积极乐观的生活态度,对未来抱有正向的希望和期待。在面对困难时能够客观合理地做出判断并采取有力的行动,而不是胆怯和退缩。从全民的角度加大心理健康宣传,建立健全的心理健康服务体系。目标是到2030年,常见的精神障碍防治和心理问

---

① 李玲.全民健康保障研究[J].社会保障评论,2017(1).

题的识别与干预水平得到显著提高。

（2）健康的生活习惯包括符合社会主流的作息习惯，减少或杜绝吸烟、过度饮酒、熬夜等危害身体健康的不良习惯。加大控烟力度，争取到2030年15岁以上抽烟的人群减少20%。同时，加强对适度饮酒的健康教育，普及过度饮酒对人体健康造成的连锁危害。

（3）国家卫生系统应制定中国居民健康膳食指南，为人民群众的健康饮食提供科学的参考和依据。对一些传统饮食习惯有弊端的地区和人群，在必要的情况下可以实施营养干预。到2030年，显著减少因营养缺乏而引起健康隐患或者引起疾病的问题，大幅降低肥胖、超重人口的所占比例。

（4）健康的人际关系是个体健康生活的必要条件，因此应该被引起同样的重视。建设和谐文明的社区文化，提倡和鼓励友好互助的邻里关系。加强素质教育，普及人际交往和群体文化的相关科学知识。

3. 提高全民身体素质

提高全民身体素质应做好以下几个方面的工作。

（1）加强建设和完善城乡居民健身公共服务体系。到2030年，使县、乡、村三级公共体育设施网络基本完成。

（2）颁布国家体育锻炼标准，广泛开展全民健身运动。丰富人民群众的健身项目，扶持和推广中国传统体育活动。

（3）加强非医疗健康干预，制定体育健身活动指南。让人民群众的健身有章可循，掌握科学的健康知识和运动技能。

（4）关爱特殊人群，使青少年、老年人、特殊职业者、残疾人等特殊群体有条件进行科学的体育健身活动。

（二）优化健康服务

1. 强化覆盖全民公共卫生服务

防患于未然，做好重大疾病的防控工作。一些重大传染病，例如2020年，新冠肺炎肆虐全球，我国在应对新冠疫情的过程中取得较好成绩，也积累了丰富的防控经验，这是日后开展公共卫生工作的重要依据和宝贵经验。同时，加强推进基础公共卫生服务建设，尤其是提高乡镇卫生服务水平，尽量降低城乡差距。最后，促进我国人口的健康发展，随着人口老龄化的逼近,国家需要多方面采取调控手段鼓励生育。

2. 提供优质高效的医疗服务

(1)合理分配医疗资源,完善医疗服务体系。到2030年,基本形成15分钟基本医疗卫生服务圈。

(2)提升医疗水平,构建家庭医生签约服务模式,建设具有中国特色的医疗管控体系,并尽快与国际先进医疗服务标准接轨。

(3)推进用药规范、用血安全。构建和谐医患关系,加强医疗人文关怀建设。

3. 充分发挥中医药独特优势

加强发展和提高中医药服务能力,努力挖掘中医的潜质,协同西医共同发展。到2030年,充分实现中医药治未病的主导作用、在康复中的核心作用以及中医养生保健的重要功能,在继承的基础上大胆创新,推进中医药的持续发展。

(三)完善健康保障

1. 健全医疗保障体系

(1)完善全民医保体系,覆盖各个人群。
(2)完善全民医保管理服务体系。
(3)积极发展商业健康保险,发展健康管理新模式。

2. 完善药品供应保障体系

(1)深化药品、医疗器械的管理。
(2)完善和巩固国家基本的药品制度。

(四)建设健康环境

1. 加强健康环境的建设

(1)持续推进城乡环境卫生整洁行动,完善环境管理机制。到2030年,整体提高我国城乡的居住环境,从人与自然和谐发展的角度出发,大力开展绿色环保的环境建设。

（2）结合精神文明建设，提高我国国民的环境与健康的意识，督促人们自觉保护环境，培养健康的生活理念和生活习惯。评选健康城市和乡镇，并进行全国范围内的推广和示范，让环境建设成为我国居民长期、持续的活动内容。

2. 加强环境问题的治理

（1）深入开展空气、水、土壤等重点环境资源的污染防治，推进流域共治和联防联控，杜绝严重的污染问题。

（2）严格控制工业污染排放计划，以钢铁、水泥、石化等行业为重点，推进行业达标排放改造。

（3）健全环境与健康监测、环境与健康调查以及环境与健康的风险评估制度。

3. 加强食品药品的安全管理

（1）强化食品安全监管，完善食品安全标准体系。到2030年，实现食品安全风险监测与食源性疾病报告网络全覆盖。

（2）强化药品安全监管以及审评审批制度改革。

4. 完善公共安全体系

（1）加强职业健康概念，促进安全生产管理。

（2）促进道路交通安全。

（3）预防和减少消费品安全伤害。

（4）提高应对突发事件的应急能力。

（5）健全口岸公共卫生体系。

(五) 发展健康产业

1. 优化多元医疗模式

建设完善的健康医疗政策，规范非公立医疗机构发展，鼓励发展多元的健康管理和医疗模式。

2. 发展健康服务新业态

积极促进健康服务的新业态发展,将养老、健身、食品、教育等行业进行有机的融合,建立有中国特色的健康新业态、新产业、新模式。

3. 发展健身休闲运动产业

建设健身休闲运动产业的市场环境,鼓励市场主体积极进入市场。加强相关的政策支持、科学引导等方面的工作,实现多元体育资源的优化配置。

4. 发展医药产业

(1)鼓励医药技术创新,健全质量标准体系,增强自主创新能力。

(2)提升产业发展水平,提高产业集中度,逐步提高我国医药产业的国际竞争力,深度挖掘中医药资源,使其发挥出独有的医疗价值。

(六)健全支撑与保障

1. 深化体制改革

(1)健康是人类生存的基本前提,也是社会发展的根本。因此,要把健康内容融入各方面的发展政策中,加强各行业的沟通协作,以合力形式形成健康中国的基本发展样貌。

(2)全面深化医药卫生体制改革,实施属地化和全行业管理。

(3)完善健康筹资机制,充分调动社会组织、企业等社会力量,形成多元筹资格局。

(4)进一步简政放权,促进公平竞争,促进健康行业进行科学发展。

2. 加强健康人力资源建设

(1)加强健康人才培养,逐步实现系统的健康人才储备库,培养职业化、专业化的健康管理人才。

(2)建立完善的奖励机制,落实医疗卫生人员的工资政策,鼓励创新人才的发展。

3. 推动健康科技创新

（1）构建国家医学科技创新体系。

（2）促进医学科技进步，强调自主科研创新。

4. 建设信息化服务体系

（1）建设人口健康信息服务体系，规范和推动"互联网＋健康医疗"的服务模式。

（2）全面深化健康医疗大数据在行业治理、临床和科研、公共卫生、教育培训等领域的应用。

5. 加强健康法治建设

从政府工作层面来说，制定行业规范标准，加强监督，促进行业自律，完善社会监督体系。

6. 加强国际交流合作

以双边合作机制为基础，促进我国和"一带一路"沿线国家的卫生合作，积极参与全球卫生治理，加强国际合作。

（七）强化组织实施

健康中国的建设需要从强化组织做起，包括系统建设、社会氛围引导、实施检测等组织工作。进一步完善全局性的领导工作，从整体布局，对重大项目、重大工程、重要工作进行科学安排和管理。依靠社会多元媒体，加强健康中国的社会氛围营造，加强文化宣传，使全社会形成健康共识，培养科学健身的意识和习惯。最后，还要做好实施监测工作，及时发现问题、总结经验，保证实施的持续健康进行。

第二节　健康中国的重要政策

一、指导思想

有力推进健康中国的战略部署,坚决发展具有中国特色的社会主义健康道路,对党的十八大和十八届三中、四中、五中全会精神进行全面贯彻。以马列主义、毛泽东思想、邓小平理论、"三个代表"重要思想为指导,深入学习习近平的系列重要讲话精神,认真落实党中央、国务院的决策与部署。坚持以人民为中心的发展思想,坚持科学的卫生健康工作方针,以提高人民健康水平为根本目标,以体制机制改革创新发展为手段,普及健康生活,优化健康服务。持续完善健康保障体系,打造全方位的健康社会环境。同时,要加快发展健康产业,加快转变健康领域的现代化进程,全方位、全周期地提高和增强人民群众的健康水平,为实现"两个一百年"奋斗目标和中华民族伟大复兴的中国梦提供坚实健康基础。[①]在具体的实施过程中,要遵循以下几个原则。

（一）健康优先

在制定和实施公共政策方面,始终将健康发展放在优先考虑的位置,将健康理念融入各个方面的政策之中。从我国现阶段的基本国情出发,以强调人民的健康权益为出发点,引导科学的运动理念和生活方式,加强人文和生态环境的建设。逐渐形成与我国经济发展相匹配的健康管理模式,最终实现健康同经济社会的协调发展。

（二）改革创新

在坚持政府主导的前提下,积极发挥市场的作用,激活现代经济社会的巨大潜力,在重要的环节应大胆突破和创新,加快改革的步伐,尽快消除不合时宜的观念束缚。鼓励社会力量积极投入健康产业的建设和发展中来。各地方政府充分给予相应的政策扶持和奖励机制,充分利

---

① 中共中央,国务院."健康中国2030"规划纲要[M].北京:人民出版社,2016.

用现有的科学技术和信息化的环境,激活民间的创新热情与活力,使全民族都积极参与到健康中国的建设中来,逐渐形成一个具有中国特色、能够促进全民健康的制度体系。

(三)科学发展

积极挖掘中国传统中医文化的宝贵资源,推广预防为主、中西医结合的新时期健康医疗理念和环境。转变服务模式,构建整合型医疗卫生服务体系,推动健康服务从规模扩张的粗放型发展转变到质量效益提升的绿色集约式发展。将医疗、保健、养生、健身、教育等相关产业进行有机的连结,形成闭合的健康保障体系。发扬传统医学的独有优势,加强科学发展力度,完善和推动中医药和西医药的相互补充作用,从而更加全面地提升我国的健康服务水平。

(四)公平公正

在全面推进健康中国战略的过程中,尤其要重视公平公正的问题。特别是广大的基层和农村地区,人口比重较大,经济和基础设施都较为落后。因此,要首先保障落后地区、基层人民的需求,从他们的现实情况着手,对一些弱势群体更应该给予足够的关怀和保障措施,逐步落实健康中国的发展政策,积极推进健康领域基本公共服务均等化,使全国各个地区的人们都能享受到同等水平的基础医疗保健服务,使基本医疗卫生服务的公益性得到切实推进,尽快消除或减轻城乡、地区、人群之间的基本健康服务差异,努力实现全民健康覆盖,促进医疗卫生服务公平公正地展开。

二、健康中国的战略目标

在健康中国战略的明确指导下,我国政府对具体的实施和部署做出了全面而具体的工作目标。展望未来,到2030年,全民健康制度体系达到基本完善,我国社会各个相关领域在健康方面都取得明显成效,且不同行业与领域之间都能进行高效的协同发展。在全国范围内,通过不同形式不断地普及和深化健康的生活方式,引领一种更加符合社会发展水平的现代精神文明。不断提高健康服务质量,提升健康保障水平,完善我国城乡居民的基本健康需求服务体系。促使健康产业更加全面地发展,基本实现健康服务公平公正,努力使我国城乡居民的主要健康指标进入高收入国家水平。到2050年,建成符合社会主义现代化国家水平的健康国家。需要达成的具体目标包括以下几方面。

(一)不断提升人民的健康水平

到2030年,努力使人均预期寿命达到79岁,大幅提升人均健康的预期寿命。通过基础教育、普及教育、继续教育以及社会文化的熏陶,不断提升整体国民的健康意识,使我国城乡居民都具备良好的健康生活习惯。通过不断推广科学的体育健身知识,引导人们进行有目标、有规律、有计划的终身体育生活方式,不断增强人民的身体素质。加强对社区体育文化的建设,组织适合大多数人可以参与的健身活动。加强我国城乡居民的营养观念,加强推广符合亚洲人的膳食营养标准,逐渐降低高血压、高血脂、糖尿病等现代文明病的比例。倡导适度饮酒或不饮酒、不吸烟的健康生活理念。加强对特殊职业者的健康管理,加强对重工业、重污染行业从业人员的安全、医疗、保健等方面保障工作。努力提升我国整体国民的身体素质,基本达到医保先进国家的水平。

(二)控制危害健康的主要因素

党的十八大以来,我国坚决贯彻绿色发展理念,实行最严格的生态环境保护制度,建立健全环境与健康监测、调查、风险评估制度。将空气污染、土壤污染、水污染的防治与治理作为工作的重点,并且对污染防治的攻坚战取得了重大成效。加强对空气、食品、水源等重要生活资源的安全管理,全面推进我国的环境治理和改善,为人们营造安心、舒心、健康的生活环境。加强对药品安全的管理,对医药保健行业推出更加规范的管理标准。提升全民的精神文明建设,从思想意识层面逐渐提高我国国民的自我健康管理能力,从而争取从根本上杜绝危害人民身体健康的不良因素,减少重大疾病对健康的威胁。提高我国医疗系统预防和应对重大流行病、传染病的能力,严格控制重大流行病的大规模泛滥。

(三)全面提升健康服务能力

彻底地提升健康服务能力。全面建立整合型医疗卫生服务体系,完善全民健身公共服务体系。健全完善国家公共卫生应急管理体系。强化公共卫生法治保障,改革完善疾病预防控制体系,改革完善重大疫情防控救治体系,健全重大疾病医疗保险和救助制度,健全统一的应急物资保障体系,确保人民群众生命安全和身体健康,大力做好妇女、儿童、老年人、残疾人、低收入人群等重点人群的健康工作,深入开展健康扶贫,健全重大疾病医疗保险和救助制度,完善应急医疗救助机制。在全国范围内培养起高效、优质的医疗健康专家以及从业者,使全国各个地区的人们都能享受到国家高效的医疗服务能力,努力消除城乡医疗服务差异。建立更为有效的医疗服务机制。鼓励健康科技创新的发展,加大医药医疗的科研投入,努力使我国的医药卫生的研发能力、创新能力、服务能力达到世界前列水平,从而全面地提升我国健康服务水平和服务质量。

(四)尽快扩大健康产业规模

为完成健康中国战略的全面发展,需要加强对健康产业的发展,扩大产业规模建设,构建体系完整、结构完善的健康产业矩阵,使我国的健康产业朝着成熟稳健的方向逐步发展,并重点发掘和鼓励具有较强创新能力和国际竞争能力的优秀的企业成为国民经济的支柱性产业。以点带线、以线带面,有目标、有计划、有步骤地实现我国健康产业的全面发展。

(五)持续完善健康制度体系

持续地健全完善对健康有利的相关政策法律法规体系,基本实现健康领域治理体系和治理能力的现代化。我国健康中国战略发展的主要指标如表1-1所示。

(六)深化医疗卫生制度改革

习近平特别强调了要深化中国特色基础医疗卫生制度的改革,并亲自部署医疗卫生体制改革工作,包括切实"推动医疗卫生工作重心下移、医疗卫生资源下沉,推动城乡基本公共服务均等化,为群众提供安全有效方便价廉的公共卫生和基本医疗服务,真正解决好基层群众看病难、看病贵问题。"[①] 医改,是世界性难题,更是重大的民生课题。党的

---

① 中共中央,国务院"健康中国2030"规划纲要.北京:人民出版社,2016.

十八大以来,以习近平同志为核心的党中央把健康中国建设上升为国家战略,成功地创设了符合我国国情的医药卫生体制;建立全民参保的基本医疗保障制度,基本医保已覆盖全民,2019年参加全国基本医疗保险达到135407万人,参保率稳定在95%以上,职工医保、城乡居民住院费用报销水平提高到60%以上;构建起了基本医疗保险、大病保险和城乡医疗救助三重医疗保障制度,减轻了参保居民、城乡困难群众医疗费用负担;深化药品、医用耗材集中带量采购制度改革,使有限的医保资金实现了使用效率最大化。

表1-1 健康中国建设主要指标[①]

领域	指标	2015年	2020年	2030年
健康水平	人均预期寿命(岁)	76.34	77.3	79.0
	婴儿死亡率(‰)	8.1	7.5	5.0
	5岁以下儿童死亡率(‰)	10.7	9.5	6.0
	孕产妇死亡率(1/10万)	20.1	18.0	12.0
	城乡居民达到《国民体质测定标准》合格以上的人数比例(%)	89.6(2014年)	90.6	92.2
健康生活	居民健康素养水平(%)	10	20	30
	经常参加体育锻炼人数(亿人)	3.6(2014年)	4.35	5.3
健康服务与保障	重大慢性病过早死亡率(%)	19.1(2013年)	比2015年降低10%	比2015年降低30%
	每千常住人口执业(助理)医师数(人)	2.2	2.5	3.0
	个人卫生支出占卫生总费用的比重(%)	29.3	28左右	25左右
健康环境	地级及以上城市空气质量优良天数比率(%)	76.7	>80	持续改善
	地表水质量达到或好于Ⅲ类水体比例(%)	66	>70	持续改善
健康产业	健康服务业总规模(万亿元)		>8	16

---

① 中共中央,国务院"健康中国2030"规划纲要.北京:人民出版社,2016.

（七）精心保护中医药民族瑰宝

中医是我国古代科学的瑰宝，一直护佑着中华民族的繁衍生息和繁荣昌盛。在当今，应该重视对中医的发展和不断提高。努力借助现代科技的手段，使其焕发时代的魅力。

首先，中医药学凝聚了传统文化的精华，如传统中医药学中的"天人合一""道法自然""仁和精诚"等核心观念，无一不是源自中国传统哲学的智慧；其次，中医药始终在不断影响历代中国人的生活智慧与身心修养。屠呦呦从中医药中寻找灵感，利用现代科技提炼青蒿素，开创了疟疾治疗新方法，从而获得诺贝尔医学奖，为世界医学事业做出重大贡献。

中医药植根基层，具有"简、便、效、廉"的独特优势，拥有广泛而深厚的群众基础。习近平充分肯定了中医药学自身的特色和优势，要求中医药遵循发展规律、传承精华、守正创新，"切实把中医药这一祖先留给我们的宝贵财富继承好、发展好，利用中医药发展助推健康中国战略实施，要发挥中医药在治未病、重大疾病治疗、疾病康复中的重要作用，力争在重大疾病防治方面有所突破"。[①]他还特别强调，应以高度的文化自信不断推进中医药文化的创新性发展，与现代健康理念相同相融。

第三节　健康中国战略的意义

健康是促进人的全面发展的必然要求，是经济社会发展的基础条件，是民族昌盛和国家富强的重要标志。国民健康不仅是民生问题，也是重大的政治、经济和社会问题，关系到国家的发展、社会的稳定以及我国与国际社会展开合作与竞争等多方面的深层议题。因此，健康中国战略的意义非常重大，不仅与民生福祉息息相关，而且关乎国家全面的、长远的布局，具有重大的战略意义。

---

① 习近平.习近平致中国中医科学院成立60周年贺信[M].人民日报，2015-12-23.

一、政治意义

人的健康是立身之本,人民健康是立国之基。

"我们党从成立起就把保障人民健康同争取民族独立、人民解放的事业紧紧联系在一起。"[①] 党的十八大以来,以习近平同志为核心的党中央提出了以人民为中心、以健康为根本的新时代健康观。健康中国的政治意义,体现出我国政府以人民为中心的发展取向和治国理念,真正做到把国民健康作为民族昌盛和国家富强的重要标志。并且,我国政府把国民健康置于优先发展的地位,及时地扭转了一段时期以来因集中发展经济而带来的环境污染、生态恶化等损害健康的问题。尽管我国社会在经济、科技等方面都取得了飞跃式的进步,但同时也为之付出了巨大的健康代价。经济的高速增长带动了社会多方面的发展与进步,我国的综合国力获得前所未有的发展,我国基本实现全面建成小康社会。在庆祝取得这一光辉成绩的同时,我国政府就当前国内外的发展形式,提出健康中国发展战略。这不仅体现了我国政府高瞻远瞩的政治韬略,同时彰显出我国以人民为中心的核心发展理念。这不仅是应对当前世界经济发展趋势最有利的选择,也是我国谋求未来发展新动力的决定性的部署,具有重要的政治意义。

二、经济意义

健康是社会发展最大的生产力,健康产业也是庞大的民生产业。健康中国的经济意义主要体现在,它对我国未来社会的持续发展提供了稳定的、强劲的动力。

(一)健康是社会发展最大的生产力

经过改革开放四十多年的建设,中国社会也进入新的发展阶段,人口红利从数量优势向质量优势转型,逐渐提升我国的人力资本,进而全面提升我国的劳动生产率,并助力经济和综合国力持续健康的发展。中国有着14亿的庞大人口规模,人力资源是社会发展的绝对生产力。通

[①] 习近平.《习近平谈治国理政》第2卷[M].北京:外文出版,2017.

过加强教育、促进健康等方式提升人力资本的质量,持续助力我国社会的长期稳定的发展。从个人的微观层面上看,毫无疑问健康人生奋斗的基石,是"革命的本钱"。只有将健康放在第一位,才能实现生活、学习和事业的长期发展,才能在社会生产中体现自身的价值。对于企业而言,维护员工的安全和健康,是有效的人力资本投资手段,有利于提升企业的生产率和竞争力。

(二)健康产业培育民生经济新增长点

健康中国战略以"提供全方位全周期的健康服务"为发展目标,努力建设健康管理、休闲健身、医养产业、医疗服务等全线健康服务产业链的长足发展。按照《健康中国"2030"规划纲要》确定的目标,2020年健康服务业总规模超过8万亿人民币,2030年达到16万亿。由此可见,我国的健康产业规模相当可观,市场潜力巨大。健康是民生的根本问题,因此具有长期的战略意义。健康产业将随着社会的进步与发展,不断地助力经济、文化等各个方面的增长。健康服务业正在积极培育民生经济新增长点,对推进供给侧结构性改革、优化服务业供给结构、创造就业等产生重要的助力,从而实现拉动我国经济的健康可持续增长。

三、社会意义

(一)人民健康关乎社会的和谐发展

强调以人民为核心的发展理念是促进社会健康发展的基本前提。积极推进健康中国战略是顺应民生诉求、化解社会矛盾的重要举措,也是应对经济危机的有力对策。

健康中国建设是全面推进中国社会主义现代化建设的重要内容。当经济发展取得了骄人的成绩之后,重点推进健康中国的建设工作,包括建设医疗服务体系、推广基础健康教育、发展健康产业等,都是关乎社会长久的安定团结发展的重要议题。例如,解决人民看病难、看病贵、因病致贫、返贫的现象,努力发展健康服务的公平公正;重视慢性病、职业病、文明病、肥胖、亚健康、失眠、抑郁等高发现象,尽快拿出切实可行的解决办法,逐渐提升民众的生活质量,使人民安居乐业,才能够全身心地投入社会建设中来。若突发公共卫生事件得不到及时处置,则会人心惶惶,危及社会和谐稳定;若食品药品安全、环境污染等主要危害健康因素未能加以有效控制,则易引发公众的担忧、不满,甚至导致社会氛围紧张。

(二)人民健康是国家发展的根本目的

人民健康和社会经济的发展相辅相成。习近平在多个场合强调了健康和经济社会发展的关系。人民健康本身就是发展的目的,是全体人民的共同追求。把人民健康放到优先发展的目标上,是马克思主义实现人全面自由发展学说的体现,也标志着我国发展目标导向的重要转变。

不断提高人民的健康水平,使之处于世界前列水平,不仅能够提高人民的生活质量和幸福指数,也是发展社会经济、提升社会生产效率的最直接的因素。人是生产力最活跃的因素,当前,我国许多行业都面临着产业升级的任务,产业升级最主要的是人力资源的升级,其中健康是根本,因为没有健康,一切都将成为空谈。当前我国劳动力流动性过大,医疗保障不健全,劳动者的健康存在着诸多隐患,这些问题都是影响社会长期发展的重要因素。只有逐渐解决这些问题,才能实现供给侧改革,提高社会生产和建设的质量和效益。

总之,人民是国家发展的根本目的,是社会长治久安的重要基石。健康中国是一项长久的、意义深远的国家战略。

第二章
健康中国背景下我国国民体质现状分析

　　我国国民体质健康水平是我国综合国力的重要组成部分,国民健康是我国经济发展的重要基础和社会可持续发展的根本,是我国全面建设健康中国和体育强国的重要人力资本保障。本章主要分析我国国民体质现状,指出国民体质健康存在的问题,并探讨增强国民体质的对策,分析健康中国与体育健身的关系,从而调动国民参与体育健身的积极性,采取科学措施提升国民体质健康水平,为建设健康中国打好基础。

第二篇

第一节　我国国民体质现状调查

一、我国国民体质现状

自2000年开始,国家体育总局在全国范围内开展国民体质监测,每五年一次,以了解我国国民体质的基本情况和变化趋势,体质监测数据成为我国制定关于发展体育事业、建设健康中国、增强国民体质的相关政策的重要依据。2020年,我国第五次国民体质监测圆满完成。监测对象按年龄分为三类人群,分别是3～6岁的幼儿、20～59岁的成年人和60～79岁的老年人。这里主要以第五次国民体质监测数据为参考来分析我国国民体质现状(7～19周岁人群不在此次国民体质监测范围内,后面单独分析)。

第五次国民体质监测结果显示,参照《国民体质测定标准》,全国监测人群中有90.4%达到"合格"及以上等级,与2014年第四次国民体质监测的合格率相比,有0.8%的增长。具体情况为:

(1)男性和女性的合格率分别为88.8%和92.0%,相比而言,女性合格率较高。

(2)城镇和乡村相比,前者合格率较高,为91.1%,后者为89.3%。

(3)不同年龄段的人群体质合格率也不同,3～6岁、20～39岁、40～59岁、60～69岁这四个年龄段人群的合格率分别为94.4%、87.2%、90.6%以及91.4%。

下面具体分析幼儿、成年人和老年人的体质指标与健康状况。

(一)幼儿体质指标

从幼儿的体质监测结果来看,随着年龄的增长,幼儿多项体质指标的平均水平都在提升,但体脂率和坐位体前屈这两项指标除外。总体而言,幼儿生长发育趋势良好。幼儿身体形态指标的平均值有性别差异和城乡差异,男性幼儿除体脂率外其余各项指标的平均值都比女性幼儿大。城镇幼儿的身体形态指标平均值都比乡村幼儿大。

幼儿时期很多身体素质的发育都比较快,尤其是协调素质、灵敏素质和平衡素质。幼儿的身体素质指标同样有性别差异和城乡差异，男性幼儿除平衡和柔韧外，其他身体素质指标都比女性幼儿好一些。城镇幼儿明显优于乡村幼儿的身体素质指标是下肢爆发力和灵敏性，而乡村幼儿优于城镇幼儿的身体素质指标主要是柔韧和平衡。

第五次国民体质监测幼儿各项体质指标平均数见表2-1和表2-2。

表2-1　第五次国民体质监测幼儿身体形态指标平均数

性别	年龄（岁）	身体形态				
		身高（厘米）	体重（千克）	坐高（厘米）	胸围（厘米）	体脂率（%）
男	3	101.9	16.4	58.5	52.3	19.2
	4	108.0	18.4	61.4	54.1	18.7
	5	115.3	21.4	64.8	56.3	19.7
	6	119.6	23.1	66.7	58.1	19.2
女	3	100.9	15.8	57.9	51.2	23.0
	4	107.0	17.7	60.9	52.7	22.0
	5	114.1	20.2	64.3	54.6	22.1
	6	118.5	21.9	66.2	56.1	21.2

（数据来源《第五次国民体质监测公报》）

表2-2　第五次国民体质监测幼儿身体素质指标平均数

性别	年龄（岁）	身体素质					
		握力（千克）	立定跳远（厘米）	坐位体前屈（厘米）	15米绕障碍跑（秒）	双脚连续跳（秒）	走平衡木（秒）
男	3	4.5	57.9	9.9	9.8	9.6	12.4
	4	5.7	77.2	9.6	8.7	7.5	10.2
	5	7.2	93.8	8.6	7.8	6.3	8.2
	6	8.3	101.2	8.1	7.5	5.9	7.1
女	3	4.0	56.4	10.9	10.0	9.8	12.3
	4	5.0	73.8	11.4	8.8	7.6	10.0
	5	6.2	88.5	11.6	8.1	6.5	8.3
	6	7.2	94.9	11.4	7.7	6.0	7.1

（数据来源《第五次国民体质监测公报》）

（二）成年人体质指标

从成年人的身体形态来看，平均身高最高的年龄段为 20~24 岁，男性和女性均是，男性身高平均值为 172.6 厘米，女性为 160.6 厘米。随着年龄的增长，成年人的体重、腰围、臀围等身体形态指标总体上呈现出增大趋势。身体形态指标中，男性高于女性的指标是身高、腰围、臀围，女性高于男性的指标是体脂率，随着年龄的增加，体脂率的性别差异越来越大。成年人的身体形态指标也有城乡差异，身高指标上表现为城镇平均水平高于乡村，而且年龄越大，差异越大。乡村女性的体重、腰围、臀围等身体形态指标的平均值高于城镇女性。

从身体机能来看，成年人随着年龄增长，身体机能指标的平均值不断下降。身体机能的性别差异表现为男性各项指标的平均值比女性大，城乡差异表现为城镇成年人的肺活量平均值比乡村成年人高，心肺耐力指标则没有明显差异。

从身体素质来看，男性的力量指标平均值整体高于女性，而反应速度、平衡及柔韧等指标的平均值比女性低。

第五次国民体质监测成年人各项体质指标平均数见表 2-3 至表 2-5。

表 2-3　第五次国民体质监测成年人身体形态指标平均数

性别	年龄（岁）	身体形态				
		身高（厘米）	体重（千克）	腰围（厘米）	臀围（厘米）	体脂率（%）
男	20~24	172.6	70.4	82.4	95.8	20.2
	25~29	172.1	72.8	85.3	97.2	22.5
	30~34	171.4	74.3	87.6	97.8	23.7
	35~39	170.4	74.0	88.5	97.7	23.9
	40~44	169.4	73.2	89.0	97.3	23.9
	45~49	168.7	72.5	89.3	97.1	23.9
	50~54	167.9	71.6	89.5	96.9	23.8
	55~59	167.5	71.0	89.8	97.0	23.8

续表

性别	年龄（岁）	身体形态					
			身高（厘米）	体重（千克）	腰围（厘米）	臀围（厘米）	体脂率（%）
女	20～24	160.6	55.7	72.8	91.4	24.9
	25～29	159.8	56.7	74.4	92.2	26.5
	30～34	159.1	58.0	76.5	93.2	28.1
	35～39	158.6	59.1	78.3	93.8	29.1
	40～44	158.0	59.7	79.3	94.3	29.9
	45～49	157.5	60.1	80.4	94.5	30.7
	50～54	157.2	60.8	82.2	94.9	31.6
	55～59	157.0	60.7	83.7	95.1	31.9

（数据来源《第五次国民体质监测公报》）

表2-4　第五次国民体质监测成年人身体机能指标平均数

性别	年龄（岁）	身体机能	
			肺活量（毫升）	心肺耐力测试值（毫升/千克/分钟）
男	20～24	3751	44.1
	25～29	3729	42.5
	30～34	3607	41.5
	35～39	3467	41.3
	40～44	3322	40.1
	45～49	3182	39.5
	50～54	3009	34.1
	55～59	2845	33.6
女	20～24	2557	39.2
	25～29	2528	38.3
	30～34	2470	37.4
	35～39	2405	36.5
	40～44	2313	34.1
	45～49	2215	33.4
	50～54	2124	29.8
	55～59	2018	29.5

（数据来源《第五次国民体质监测公报》）

表2-5 第五次国民体质监测成年人身体素质指标平均数

性别	年龄（岁）	握力（千克）	背力（千克）	纵跳（厘米）	俯卧撑（男）/跪卧撑（女）（次）	1分钟仰卧起坐（次）	坐位体前屈（厘米）	闭眼单脚站立（秒）	选择反应时（秒）
男	20～24	43.5	115.1	37.4	23.4	27.0	7.2	30.5	0.54
男	25～29	44.4	116.5	36.2	21.8	25.6	5.8	28.4	0.54
男	30～34	44.7	117.1	34.6	20.7	24.3	5.2	26.8	0.55
男	35～39	44.1	115.7	33.1	19.8	23.1	4.8	24.7	0.56
男	40～44	43.8	115.1	30.8	18.9	21.4	4.9	22.5	0.58
男	45～49	43.1	114.2	29.2	17.6	19.8	4.7	19.4	0.59
男	50～54	41.9	111.4	27.3	15.7	17.6	4.3	16.5	0.62
男	55～59	40.2	106.7	25.6	14.0	15.7	3.6	14.8	0.64
女	20～24	26.6	63.6	25.1	18.6	22.3	11.1	32.4	0.57
女	25～29	26.6	63.5	24.0	18.0	20.0	10.0	31.3	0.58
女	30～34	27.0	65.0	23.1	18.2	18.5	9.1	29.2	0.59
女	35～39	27.2	66.0	22.4	18.3	18.2	8.5	27.1	0.60
女	40～44	27.3	66.8	21.4	18.0	17.2	8.8	25.4	0.62
女	45～49	27.0	66.5	20.5	17.6	15.7	8.7	22.0	0.63
女	50～54	26.0	64.8	19.4	16.4	13.4	8.8	18.2	0.65
女	55～59	25.4	63.6	19.0	15.3	11.9	8.9	14.8	0.67

（数据来源《第五次国民体质监测公报》）

（三）老年人体质指标

老年人的各项体质指标的平均水平是随着年龄的增长而逐渐下降的，而且乡村老年人的下降速度更快一些，这就逐渐拉大了城乡居民健康水平的差距。60岁以后，老年人的体脂率明显下降，而且男性的下降幅度比女性大，相对来说，城镇老年人下降慢一些。

从身体机能指标来看，老年男性的肺活量比老年女性高，城镇老年人的身体机能水平比乡村老年人较好，城镇老年男性的心肺耐力不及城镇老年女性，乡村老年人男性和女性的心肺耐力没有明显差异。

从身体素质指标来看,城乡差异较为明显,城镇老年人的身体素质水平整体上比乡村老年人高,老年男性尤其明显。

第五次国民体质监测老年人各项体质指标平均数见表2-6至表2-8。

表2-6 第五次国民体质监测老年人身体形态指标平均数

性别	年龄(岁)	身体形态					
		身高(厘米)	体重(千克)	腰围(厘米)	臀围(厘米)	体脂率(%)
男	60~64	165.9	69.0	89.3	96.4	23.3
	65~69	165.4	68.1	89.3	96.3	23.3
	70~74	164.6	66.7	88.7	95.9	23.1
	75~79	164.2	65.6	88.2	95.8	23.0
女	60~64	155.1	60.3	85.5	95.3	32.9
	65~69	154.4	59.8	86.4	95.4	33.0
	70~74	153.4	58.9	86.8	95.3	33.0
	75~79	153.3	57.9	86.2	94.8	32.6

(数据来源《第五次国民体质监测公报》)

表2-7 第五次国民体质监测老年人身体机能指标平均数

性别	年龄(岁)	身体机能	
		肺活量(毫升)	2分钟原地高抬腿(次)
男	60~64	2 509	51.8
	65~69	2 342	50.7
	70~74	2 124	47.4
	75~79	1 960	44.2
女	60~64	1 785	55.1
	65~69	1 679	52.3
	70~74	1 552	48.5
	75~79	1 510	44.4

(数据来源《第五次国民体质监测公报》)

表 2-8 第五次国民体质监测老年人身体素质指标平均数

性别	年龄（岁）	握力（千克）	30秒坐站（次）	坐位体前屈（厘米）	闭眼单脚站立（秒）	选择反应时（秒）
男	60～64	36.5	12.0	2.4	11.3	0.72
男	65～69	35.1	11.7	1.7	10.3	0.74
男	70～74	32.2	10.9	0.7	9.5	0.78
男	75～79	29.9	10.4	-0.3	8.4	0.81
女	60～64	23.6	11.8	7.9	10.9	0.74
女	65～69	22.8	11.3	7.1	9.9	0.78
女	70～74	21.6	10.4	5.4	8.9	0.82
女	75～79	21.1	9.9	3.8	8.3	0.84

（数据来源《第五次国民体质监测公报》）

二、我国青少年体质现状

2019年全国学生体质与健康调研数据显示，我国青少年学生体质健康达标优良率呈上升趋势，6～22岁学生体质健康达标优良率为23.8%，其中13～15岁、16～18岁、19～22岁学生体质健康达标优良率分别上升5.1%、1.8%和0.2%，初中生上升最为明显。这主要得益于中考体育的强化使学生的体育活动时间有所增加。

下面以2019年全国学生体质与健康调研为参考来具体分析我国青少年体质现状。

（一）身体形态

调研数据显示，全国学生身高、体重等形态发育指标持续变好，各年龄组男女生身高、体重、胸围指标均继续呈现上升趋势。

（二）肺活量

我国青少年学生的肺活量水平呈全面上升的趋势，其中初中生增长最为明显。

(三)身体素质

中小学生的力量、速度、柔韧、耐力等身体素质总体出现好转,小学生和初中生的力量、柔韧素质明显改善。

与2014年相比,2019年13~15岁、16~18岁男女中学生50米跑成绩有所提升,分别提高了0.09秒和0.01秒;13~15岁女生800米跑成绩提高4.49秒,13~15岁男生1 000米跑成绩提高6.50秒。

(四)近视率下降

近几年,全国青少年学生总体近视率整体下降,学生保证每天足量的体育锻炼和睡眠时间等对增强体质、预防近视有积极影响。

调查数据显示,每天能够保证1小时以上在校体育锻炼时间的学生的体质健康达标优良率为27.4%,明显高于体育锻炼时间不足的学生(达标优良率为17.7%),每天睡眠充足学生的近视率为47.8%,明显低于睡眠不足的学生(近视率为67.8%)。

(五)营养不良持续改善

2019年我国6~22岁学生营养不良率为10.2%,各年龄段男、女生营养不良状况明显改善。与2014年相比,2019年全国7~9岁、10~12岁、13~15岁、16~18岁、19~22岁等各阶段学生的营养不良率分别下降2.1%、1.6%、2.4%、2.6%和2.3%。

三、我国国民体质变化趋势

(一)运动增强体质的作用

参加体育锻炼的居民的身体机能、身体素质好于同性别同年龄组的不参加体育锻炼的居民,锻炼频率、运动强度越高,体质越好。父母体育锻炼行为对幼儿的体质有积极促进作用,母亲的影响更加明显。

(二)城乡居民体质水平差距缩小

与2014年国民体质监测相比,第五次监测结果显示我国城乡居民体质水平的差距有缩小趋势,表现在身体形态、身体机能和力量素质等方面。但乡村老年人,尤其是乡村男性老年人随年龄增长而体质快速下降的趋势依然明显,需予以关注。

(三)女性体质发展趋势良好

第五次监测结果显示我国成年女性的心肺耐力、最大肌肉力量、肌肉耐力、柔韧性以及平衡能力的平均水平都有所提高。

第二节 我国国民体质存在的问题分析

我国国民体质状况虽然较之前有所好转,各方面的指标都呈现出良好变化趋势,但不可否认当前我国国民体质依然存在一些严峻的问题,需要特别重视与认真对待。

一、青少年体质健康状况依然严峻

我国青少年体质健康受到国家和社会的高度重视。随着国家经济和学校体育的发展,我国青少年学生的体质状况不断改善,但客观而言,还普遍存在以下几方面的健康问题。

(1)心肺功能有待进一步提高。
(2)超重及肥胖的学生人数居高不下。
(3)视力不良检出率较高。
(4)青少年心理健康问题严峻。
(5)青少年社会适应能力有待提高。

二、成年人和老年人的超重、肥胖率持续增长

与2014年国民体质监测相比,第五次监测数据表明我国成年人和老年人的超重、肥胖率继续增大,肥胖率的增长更明显。2020年成年人超重率、肥胖率分别为35.0%和14.6%,较2014年分别增长了2.3%和4.1%;2020年老年人超重率、肥胖率分别为41.7%和16.7%,较2014年分别增加了0.1%和2.8%。

乡村成年人的超重、肥胖率的增长尤为明显,乡村女性超重、肥胖率高于城镇,但进入老年期后,乡村老年人超重、肥胖率降低。

三、成年人力量素质仍呈下降趋势

监测显示,我国成年人的最大肌肉力量持续下降趋势明显,男性握力和背力继续下降,女性背力继续下降,但女性握力有所改善。同时男性肌肉耐力指标的平均水平也有所下降。

第三节 健康中国引领下我国国民体质增强的对策

国民体质健康是建设健康中国的基础保障,是国家综合实力的重要组成部分。我国为建设健康中国,提升国家综合实力和可持续发展水平,采取了多项举措来增强国民体质,并且成绩显著,这从我国最新的国民体质监测结果中能够得到充分体现。但与此同时,我们也必须正视国民体质中长期存在的一些问题(如近视、肥胖、身体素质整体水平不高等),应积极采取有效措施来进一步提升国民体质健康水平。

一、贯彻落实《全民健身条例》,进一步完善相关政策法规

我国为推进全民健身事业的发展,增强国民体质,于2009年公布了《全民健身条例》,这是我国第一部专门为发展全民健身事业而出台的行政法规,具有全民性、系统性和规范性。这部法规明确了全民健身管理机制,保障了人民群众在全民健身活动中的合法权益,并明确规定了相关法律责任,具有很强的权威性和指导性。《全民健身条例》发布至今已经经历了两次修正,内容逐渐完善,功能也不断健全,对推动我国全民健身活动的开展及保障全民健康具有重要指导意义。

根据《全民健身条例》的相关规定,有关部门与行业应对相关配套制度予以制定,地方要不断改革不符合《全民健身条例》的相关法规内容,不断完善地方相关法律法规,以进一步完善全民健身基本制度体

系,充分发挥各项制度的作用,为推动我国全民健身的发展而提供全方位的制度保障。此外,我国应该从全民健身活动的开展现状、国民体质现状出发制定科学可行的相关法律或政策,继续完善有关全民健身和国民体质的相关法律法规,使全民健身事业的发展有法可依,得到政策的引导、支持和法律的保障,进一步实现可持续发展。

二、大力宣传体质健康内容

大力宣传体质健康内容,有助于引导国民树立正确的体育锻炼意识,使大众对健康的重要性、运动的重要性以及运动促进健康的重要性有强烈的认识。健康有多么重要,大部分人都是非常清楚的,而且人们也逐渐认识到了体育锻炼对促进健康的重要意义,但很多人都因为这样或那样的事情而耽误了运动,并且认为运动锻炼不是着急的事儿,什么时候开始都可以。还有些人认为只有自己运动了就一定会健康,对自己的运动态度、运动方式等没有太多的关注,最终导致运动效果不乐观,体质状况没有得到明显改善。要使大众树立正确的健康观、运动观,使其以正确的态度积极主动地投入运动锻炼,就必须大力宣传体质健康的内容,普及健康常识与提出健康的方式,将健康知识、健康行为方式融入大众的日常生活中,体现在其行动中,养成健康的生活习惯。

为了达到良好的宣传效果,政府部门应该从国民健康状况出发而对相关健康政策予以制定,并号召地方出台配套政策来充分落实不同层级的健康政策,监督体质健康内容宣传工作在各地的开展与落实,从而通过广泛的宣传来转变大众的健康观念,提升大众运动健身的自觉性与积极性。此外,要充分发挥媒体的宣传功能,尤其要运用各种新媒体平台来达到良好的宣传效果,发挥新媒体方便、快捷的优势去扩大宣传面,扩大宣传影响力,提高宣传效率,强化宣传效果,达到预期的宣传目标。开辟新媒体传播路径时,要多利用现代化网络技术和多媒体资源,构建功能齐全和内容丰富的传播平台,从而使受众最大程度地从中受益。

三、深入开展国民体质监测工作，为开展国民健康促进工作提供决策依据

（一）宣传国民体质监测

有关部门既要通过报纸、电视、广播等传统媒体手段来宣传国民体质监测，又要利用微博、微信等新媒体平台来提高国民体质监测的传播率，从而将新、旧媒介资源充分整合而使更多的人了解国民体质监测，并大力支持和积极配合监测工作的开展。此外，还应该将国民体质监测的宣传融入大众体育活动中，向居民进行多方面、多渠道的宣传，从而使居民自觉主动地配合有关部门的体质监测，并能够做到定期体检，以便充分了解自己的身体健康状况和变化规律，了解自己的健康问题，并树立正确的健康理念和运动理念，通过科学运动来促进健康。

（二）扩大监测人群的覆盖面

国民体质监测应该尽可能覆盖所有人民群众。从我国开展国民体质监测的实践来看，对农村居民进行体质监测存在一些问题，主要表现为地方政府不重视，居民配合度不高，等等。因为存在很多问题，导致农村居民体质监测被忽视或监测工作开展得不到位，对此，有必要强调扩大监测人群覆盖面的重要性。只有全面开展监测，才能获得更全面、真实、准确、可信度高、可参考价值高的数据。鉴于在农村居民体质监测中遇到的问题，可以通过以下措施来解决。

第一，提高基层政府领导思想上的重视性。
第二，将农民体质监测工作纳入政绩考核。
第三，对交通不便的地方进行上门监测。
第四，利用农民聚集时间进行集中性监测等。

四、完善国民体质服务网络体系，进一步满足广大民众的需求

国民体质服务网络体系的组成部分主要包括组织管理体系、体质监测体系、信息服务体系、健身指导体系、健身设施体系等。只有将这些重要组成部分纳入国民体质服务网络体系中，才可以称得上是完备的网络体系。现阶段，我们要进一步健全其中的组织管理体系，完善体质监测

体系,在这两个体系的基础上对其他体系部分加以完善,如依托现代信息化资源而对国民体质信息服务体系加以建立,把握各地居民的体质状况、健康问题和变化规律,并根据不同年龄阶段居民的体质健康问题而设计相应的健康计划,根据居民的需要而完善健身设施,使居民获得科学的健身指导,提高所有居民的整体健康水平。

五、进一步发展学校体育,增强青少年体质

青少年是国家的未来和民族的希望,青少年体质健康备受政府的重视。学校体育是增强青少年体质的重要手段,为改善青少年体质状况,提升青少年健康水平,促进青少年全面发展,我国要高度重视学校体育工作,加强学校体育教学改革,开展丰富多样的课外体育活动,确保学生的体育活动时间。

针对部分学校侵占学生运动时间的现象,应制定相应的责任追究制度。学校要积极改革不合理的体育教学内容、教学方法手段及教学考评标准等,调动每个学生参与体育锻炼的积极主动性,培养学生的终身体育意识和良好运动习惯。

六、提高医疗公共服务质量

(一)构建"医养结合"的健康产业政策体系

1. 推进放管服(简政放权、放管结合、优化服务)改革

部分医养结合机构反映,我国医疗政策环境不是很理想,还存有"弹簧门""玻璃门"等问题。对此,应将深化放管服改革作为体制创新的突破口,健全工作机制,完善政策配套,健全公共服务平台,进一步整合审批环节,简化审批手续,优化服务流程,提高审批效率,打造无障碍的良好审批环境。对已出台的好政策要坚决落实到位,切实为推动医养健康产业的发展而提供优良环境。

2. 推动政策创新

医养结合,养是重点,医是保障,做到养者能医是关键。当前,很多养老服务机构没法纳入医保定点,为此,应整合社区预防保健经费、社

会医疗保险、养老机构运用建设补贴等，形成统一支付体系，加强资金支持。

（二）健全基层医疗卫生服务体系

首先，从地方实际情况出发（包括经济、人口规模、交通条件等现实条件），对现有卫生资源加以整合，促进基层医疗卫生服务机构的合理设置和功能优化。

其次，对照相关标准推进基层医疗卫生服务体系的建设，遵循"填平补齐"的原则而不断完善该体系，根据现实需要而适当拓展相关组织机构的规模，加强改革，切忌搞脱离实际的"形象"工程。

最后，按照我国医药卫生体制的深化改革要求，针对我国基层医疗卫生服务管理中的弊端进行针对性改革，提高基层医疗卫生服务水平，切实为基层人民的健康而服务。

（三）构建"互联网+医疗健康"新模式

"互联网+医疗健康"是以新兴信息技术（互联网、云计算、大数据、物联网等）为基础，与传统医疗业务交叉形成的一种新型医疗模式，这种新兴医疗模式不仅打破了传统医疗模式下医疗机构间的信息沟通壁垒，也提高了医疗服务的可及性。

为充分发挥"互联网+医疗健康"新模式的重要作用，一方面，应加大宣传力度，对患者及其家属进行互联网+医疗健康就诊培训；另一方面，尽量采用相对简洁的就诊和支付端口，规范网络诊疗平台，引导患者使用"互联网+医疗健康"平台进行就诊。此外，应注重建立电子健康档案，满足医联体内部不同医院之间患者信息共享的需要，从而减少不必要的重复检查，降低医疗费用，节约医疗资源，提高诊疗效率，保障人民健康。[①]

[①] 王健.以更高效率的医疗公共服务推动建设健康中国[J].中国经济评论，2021（03）：63-68.

第四节 健康中国与体育健身的关系

一、健康中国与体育健身的关系

现在,体育在人们的生活中扮演着重要的角色,在健康中国战略中同样扮演着极其重要的角色。在健康中国战略实施中,体育领域和医疗、教育以及卫生等之间不再是完全分割的局面,而是逐渐呈现融合趋势。可见体育在贯彻落实健康中国战略中具有非常重要的意义和作用。全民健身是借助体育实现健康中国的主要手段,是贯彻落实健康中国战略的实践需求。全面落实全民健身战略,能够有效提升我国国民健康水平,促进国民积极参与体育活动,创造和谐健康的社会环境和氛围,实现健康中国的终极目标。从健康角度来看,开展体育健身活动,能够帮助国民增强体质,磨炼意志,缓解压力,保障身体健康,维护心理健康。从预防的角度来看,国民参与丰富多样的体育健身活动,能够延缓衰老,增加寿命,使患病的风险降低,促进生活质量的提高。从康复的视角来看,开展多姿多彩的体育健身活动,可以有效治愈疾病,促进患者身体康复,使患者的生存时间得以延伸。总之,体育健身是健康中国的重要基石与手段,健康中国是我国实施全民体育健身的主要奋斗目标。[①]

二、全民体育健身在健康中国战略中的地位

(一)全民体育健身是健康中国的引导者

在健康中国建设过程中,全民体育健身在某种意义上扮演着非常重要的角色,如引导者、先行者等。可以这样理解,全民健身是健康中国的先导,是实现健康中国的重要前提,它所起的作用主要是引导作用、带头作用,引导健康中国建设工程的开展,推动健康中国的进步与发展。全民体育健身的引领和带头作用也体现在国家健康产业的开发中。

---

① 袁玉鹏."全民健身"在"健康中国"建设中的地位和作用[J].淮北师范大学学报(自然科学版),2018,39(03):66-71.

下面具体从两个方面来分析全民体育健身是健康中国的引导者。

第一,全民体育健身引导健康中国建设首先体现在思想意识层面,即全民体育健身的开展有利于培养国民的健康意识、运动观念,激发人民群众的运动兴趣和热情,培养大众的健康生活方式,使大众树立运动促进健康的科学理念。人们只有树立了正确的健康观、运动观,才会真正通过参与运动促进健康,将运动健身的理念落实在行动上,通过体育健身增强体质、防治疾病、实现全面发展。只有全民健康水平得到了提高,才能使健康中国的实现拥有坚实的根基,才能真正实现健身与健康的融合。

第二,全民体育健身有助于培养群众的健康生活习惯,促进群众健康生活方式的形成与维持。科学的运动是健康生活方式的重要组成部分,群众将运动融入生活,以保持健康,预防疾病,促进康复。

我国多年来高度重视全民健身的开展,将其上升为国家战略,从而通过带动全民参与体育健身而引领健康中国建设,使国家走健康、和谐的可持续发展之路。

（二）全民体育健身是健康中国的推动者

我国实施健康中国的过程中,全民健身是极具推动意义的一个重要环节,开展全民性的体育健身活动对进一步建设健康中国和实现健康中国战略目标具有重要意义。我国建设健康中国,不仅要在传统医疗领域做文章,更要与体育、环保、卫生等有机融合起来,实现更宏观意义上的健康中国。体育与健康密不可分,而全民体育健身是体育与健康融合的重要环节与突破口。全民体育健身促进体育与医疗的融合、体育与卫生的融合,推动人们进行科学的体育健身锻炼,增进健康,降低患病风险,减少医疗支出,最终有利于健康中国建设。

下面具体从全民体育健身促进体医结合、体卫结合两个方面来理解全民体育健身推动健康中国建设。

第一,全民体育健身对体医融合的促进体现在预防疾病和促进康复两个方面。运动具有防病治病的功效,全民参与体育健身,有利于预防常见疾病,保障身体健康。此外,科学的运动也是治疗疾病和促进康复的重要手段,科学的医学专业治疗配合恰当的体育运动方式能够使患者更快更好地恢复身体,促进健康。

第二,全民体育健身的开展促进了体育与卫生事业的融合,对推动公共卫生设施建设和完善公共卫生服务体系具有重要意义,而良好的公共卫生环境又是实现健康中国的一个重要基础条件。

(三)全民体育健身是健康中国的践行者

健康中国的建设离不开全民体育健身的推动,从某种意义上来说全民健身是健康中国的践行者,是健康中国有效开展和落实的重要基础和保障,也是贯彻落实健康中国的主要方式。相关数据表明,我国慢性疾病导致的死亡率非常高,着实让人担忧,常见的高血压、糖尿病等疾病借助药物也只能起到控制作用,无法解决根本性的问题,而且长期使用药物治疗容易导致身体产生依赖性,不利于人体健康。此外,慢性病的低龄化也是当前我们面临的一个重要健康问题,很多年轻人由于不良的生活习惯而患有慢性病,出现"亚健康"问题,严重困扰年轻人的生活。

结合专家研究结果来看,运动健身是目前有效抑制和预防慢性病最经济、实用的方式。全民健身的本质是引导群众参与运动和健身活动,从而形成更加健康的生活方式和习惯。全民健身号召人们通过非医疗方式来预防和治疗疾病,促进健康,与"健康中国"理念契合,是健康中国的重要补充,不仅践行了健康中国的内涵和理念,更是从医学、教育等多个方面补充和完善了健康中国的内涵。[①]

三、全民体育健身在健康中国建设中的重要作用

(一)保障个人健康

我国建设健康中国,根本目的是实现全民健康,全民健康又是以个人健康则为基础的。全民体育健身有效保障个人健康,具体从以下几个方面体现出来。

1. 体育健身保障人的身体健康

从人类的生命周期角度来说,各个年龄段人群(婴幼儿、青少年儿童、青年人、成年人、老年人)的健康都离不开体育锻炼;从人的不同身体健康状况来看,不同健康水平的人都需要通过体育健身来获得或保持

---

① 高国军."全民健身"在"健康中国"中的地位与作用研究[J].体育科技,2018,39(06):61-62.

健康,如健康人群通过体育健身促进和维持身体健康,亚健康人群通过运动锻炼调理身体状况,患者通过运动康复手段来加速康复等。总之,体育健身是促进健康、改善健康、保障健康、维持健康的科学有效的重要手段之一。

2. 体育健身促进人的心理健康

人们参与体育健身,有利于使精力更加充沛,有利于促进大脑发育和兴奋水平的提高,使人保持愉悦的心情和良好的精神状态,这些是心理健康的重要基础条件。体育健身不仅能够为促进心理健康打造重要基础,还能有效治疗自闭症、部分精神疾病等。

3. 体育健身提升人的社会适应能力

体育运动能调整人的生活节奏、拓展人际交往,最终提升人的社会适应能力。

4. 体育健身促进人的全面发展

体育健身不仅有利于健身、健心、提高社会适应能力,还能促进个人文化素质、智力、道德、审美、个性等多方面的发展,最终促进全面发展。

(二)促进经济健康

全民体育健身作为健康中国的重要组成部分之一,将带动健身休闲运动等相关健康产业的全面发展,推进我国产业结构的升级与优化,最终促进我国经济的健康发展。为建设健康中国,我国积极发展健康养老、健康医疗旅游、健身休闲运动和健康食品等健康产业,并将其有机融合,开发更多的健康新产业、发展模式等,从而使健康产业成为我国国民经济的重要支柱产业。全民体育健身有助于促进全民健康,使全国医疗费用投入降低,这也是其促进经济健康的重要表现之一。

(三)推动社会健康

社会健康是以个体健康为基础且高于个体健康的一种较高级的健康形态,它是由一定的经济基础和上层建筑构成的整体所形成的健康状态。全民健身推动社会健康主要表现在以下两个方面。

1. 全民体育健身是社会健康文明发展的标志

全民体育健身能净化社会风气,防止社会不良现象发生,推动社会政治文明和精神文明建设,是社会健康文明发展的重要标志。

2. 全民体育健身能改善人际关系,促进社会和谐

人们参加全民健身运动,通过人际沟通与交流而改善人际关系。社会是人的社会,人际和谐是社会和谐的基础,因此人际关系的改善能促进社会和谐与稳定。

四、全民体育健身推动健康中国建设的路径

(一)重视全民健身载体建设

要实现全民体育健身的可持续发展,就要大力建设全民体育健身的相关载体,加大投入力度,构建与落实多样化的投入机制和运行机制,此外要在全民健身载体建设中融入社会治理的科学理念,完善社会体育设施,加强社会体育资源管理,引导人民群众科学参与体育活动,满足群众的基础体育健身需求。

(二)完善相关政策

重视对全民体育健身相关政策的制定,不断健全与完善专门的政策体系,有利于为深入开展全民体育健身奠定基础、提供引导与坚实保障。这就需要各级政府深入认识全民体育健身对建设健康中国的重要性,在健康中国建设规划中纳入全民体育健身这一重要工作计划,统筹安排全民体育健身工作,推动全民体育健身的系统开展与全面落实,从而为全民健身计划的实施及健康中国建设提供良好的舆论氛围与政策环境。

例如,可以就全民建设与健康中国的相互关系而制定关于通过开展全民健身推动健康中国建设的指导意见,或在健康中国建设中推动全民健身持续稳定发展的意见,监督政策的落实情况,将其纳入地方政绩考核中,如此才能更好地保障全民体育健身的全面开展。

（三）对全民健身的运行机制加以优化

促进全民体育健身的运行机制的优化，旨在完善全民体育健身的功能，使其作用更加多元化，从而通过充分发挥其重要作用与多元功能而促进全民健康，推动健康中国建设。从可持续发展的理念出发，我们应不断强化全民体育健身运行机制的科学建设，构建全面型、创新型的运行机制，将政府、社会、企业、学校、家庭等充分融入其中，引导不同单位从自身情况出发而有的放矢地开展健身活动，参与全民健身，支持全民健身，用实际行动促进全民健身的持续发展。

此外，对全民体育健身的运行机制加以优化，还应该深刻认识到社会体育公共服务、社区卫生、学校体育教育、家庭体育等与全民健身的密切关系，促进这些内容与全民健身的深度结合，使全民体育健身的运行机制更具系统性、宏观性和全面性，真正将广大人民群众领进全民体育健身的浪潮中，使每个人都有机会参与具有普遍意义的全民健身活动。

（四）推动全民健身发展模式的改革创新

要通过开展全民体育健身活动而取得良好的成效，进一步实现健康中国目标，就要加强对全民体育健身发展模式的改革与创新，用战略性的眼光、长远的眼光、可持续发展的眼光来推动全民体育健身的发展。

第一，将全民体育健身与全民健康有机结合起来，对人民群众的健康意识进行培养与强化。

第二，在"互联网+"背景下构建"互联网+全民健身"的发展新模式，推动全民体育健身的创新发展。

第三，将中华民族传统健康文化融入全民体育健身活动的开展中，弘扬优秀健康文化，增进人们的健康意识。

第三章
健康中国视域下体育健身的理论与机制

　　无论是普通健身者还是专业运动员,参加任何形式的运动都要以科学理论为指导,这样才能保证运动的科学性和有效性。随着"健康中国"战略实施到今天,全民健身的热潮已经到来,在平时,我们随处可见参加体育健身的人群。为保证体育健身的有效性,熟知体育健身的基本理论与机制是非常有必要的。

第一节 体育健身的多学科理论基础

一、运动生理学基础

（一）体育健身与人体各系统的运转

1. 体育健身与氧运输系统

氧运输系统在人体运动中扮演着十分重要的角色，为了帮助人们更好地认识氧运输系统，下面主要阐述人体运动中的需氧量和最大吸氧量两个部分的内容，以使人们更加清晰地认识到氧运输系统的重要作用。

（1）需氧量

需氧量是指维持人体正常生理活动的氧量，身体健康的人在安静状态下每分钟需氧量是 250 毫升。

健身者在参加体育锻炼的过程中，锻炼的内容、时间以及运动强度等都会影响自身的需氧量，基本规律是需氧量随运动强度的增加而增加。健身者要想提升自身的运动水平，就需要进行大量的锻炼，在不断的锻炼中合理地调整运动负荷。随着运动强度的不断增加，机体需氧量也会随之增加，此时如果氧气供应不足，就容易出现氧亏现象，出现这一现象时，最好停止运动锻炼，待机体恢复后再参加运动锻炼。

（2）最大吸氧量

①最大吸氧量的概念

最大吸氧量指的是在需要大量肌肉群参加的力竭性运动中，当氧运输系统中的心泵功能和肌肉的用氧能力达到本人最大极限时，人体单位时间内摄取的氧量。它主要反映的是人体最大的有氧代谢能力，是判定人体有氧工作能力的一个重要标志。一般情况下，经常参加体育锻炼的人比不常参加或不参加运动锻炼的人，最大吸氧量要高出不少。

②最大吸氧量的影响因素

影响人体最大吸氧量的因素有很多，其中先天遗传因素的影响比较大，其次是运动者的年龄与性别。在影响最大吸氧量的因素中，年龄、性别、运动锻炼情况等方面的影响也比较明显，健身者要熟悉和了解这一方面的知识。

③最大吸氧量的测定

一般来说,最大吸氧量的测定方法主要有直接测定和间接推算两种。直接测定主要在实验室进行,需要让受试者完成跑台跑步、蹬踏功率自行车或台阶试验来进行测定。因为直接测验法要求受试者在运动时达到力竭程度,因此具有一定的危险性,为了避免发生危险,可采用间接推算法,该方法虽然同样需要进行台阶试验和功率自行车运动测验,但与直接测定相比,这一种方法的危险性较小,具有很高的安全系数。

2. 体育健身与血液循环系统

（1）气体交换

根据运动生理学理论,ATP 能量的产生或再生都离不开氧气的参与。要将空气中的氧输送到肌肉细胞中的线粒体内,实现 ATP 合成,必须通过呼吸系统和血液循环系统的合作。肺→肺部毛细血管→肺静脉→左心房→左心室→主动脉→各组织处毛细血管→组织细胞是氧气完整输送过程的主要路径。有关学者经过一系列的研究后总结出,空气中的氧气要顺利进入肌细胞线粒体,必须经过体内 18 层胞膜。一旦外界的氧气进入肺泡,就开始了第一阶段的气体交换,即氧气与血液中的二氧化碳在肺泡血管膜上交换。这一交换位置的主要作用是隔开肺泡中的氧气与肺泡微血管中的血。第二阶段的气体交换主要发生在微血管膜上。从第一阶段到第二阶段的气体交换中,有很多不可避免的影响因素,如红细胞数目、肌肉中微细血管数目、血色素含量、微血管的密度等。

血液中氧气和二氧化碳的输送主要以两种方式实现,一是与血液的化学组合,二是在血液中溶解,采用第一种输送方式的情况居多,也就是血液中的氧与血红蛋白发生化学结合后被输送。

综上所述,血液循环系统是输送氧的主要功能系统。血液循环系统内的心血管系统是一个封闭性的运输系统,组成该系统的成分主要有心脏、静脉、动脉及毛细血管。血液在心血管系统中的循环流动需要由心脏提供动力,在血液的不断循环中,氧气和大量的营养物质进入各种细胞中,从而使细胞的生存有了基本保障,同时在血液循环中也将二氧化碳从细胞中带走,这就促进了细胞的生长。

综上所述,血液循环系统在人体运动中扮演着十分重要的角色,无论是普通的健身爱好者还是专业的运动员都要给予高度重视。

(2)心血管系统功能特点

心血管系统功能对人体发展而言也是非常重要的。可采用心率测量方法,同时对运动强度进行分析,这种方法简便易行,运用广泛。就每搏输出量和心率来看,优秀运动员与普通人的差异非常明显。通常,普通人在安静状态下,每搏输出量、心率分别为70～80毫升、65～80次,而优秀运动员则是100～110毫升、50～60次。同样在最大强度下,普通人和优秀运动员的每搏输出量分别可达到120毫升和170毫升。血液分配在安静状态与运动状态下有明显的不同,尤其是最大强度运动下,二者之间的差距更为明显。

3. 体育健身与供能系统

(1)磷酸原系统

依据运动生理学理论,人体的磷酸原系统(ATP-CP系统)是当ATP被分解放能后,磷酸肌酸(CP)随即分解并促进ATP再生成的系统。这是一个持续时间非常短暂的过程,过程中不需要氧的参与,也不产生乳酸,据此也被称为"非乳酸能系统"。生理学研究认为,人体全部肌肉中ATP-CP系统的供能维持人的运动时间仅仅为8秒钟。由此可总结出磷酸原系统供能的特点为供能快、功率高、总量小、持续时间短。

(2)糖酵解系统

人们在参加体育健身时,当机体持续运动时间在8秒以上且强度较大时,迅速提供短期能量供给的磷酸原系统就会显得鞭长莫及。此时,能够支持运动所需ATP再合成的能量来源就要依赖于糖酵解系统提供了。

在人体各系统的运行中,肌糖原在分解葡萄糖为乳酸的过程中生成ATP。如果在这一过程中持续有氧的参与,所产生的乳酸中一部分会在线粒体中被氧化生能,另一部分则会合成肝糖原。如果没有氧的参与,则在生成能量的同时还会生成乳酸。乳酸是强酸的一种,这种物质在体内堆积过多会破坏内环境的酸碱平衡稳态,它直接会导致肌肉工作能力下降,给身体带来疲劳感。如此看来,依靠糖原的无氧酵解这种供能方式只能维持肌肉工作几十秒,但毕竟这一系统能在缺氧的时候还能产生能量供体内急需,因此,这种供能方式有着非常大的作用。

总体而言,两大供能系统的供能过程都可以在没有氧的条件下供能,其都是人体运动时的无氧代谢供能系统的组成部分,充当着短时间内人体能量供给者的角色。

（3）有氧氧化系统

人体在氧供应充足的条件下进行运动时,体内所需的ATP是由糖、脂肪的有氧氧化来提供的。这种对ATP的提供方式具有量大和持续时间长的特点,由此使得有氧氧化系统就成为运动供能的主要方式。

有氧氧化系统具有一定的供能特点,这决定了其是为人们的那种长时间、高耐力的运动提供能量的系统。而就人的耐力素质来说,其有氧代谢能力和心肺功能是非常重要的,二者之间的联系非常密切。

4. 体育健身与运动系统

肌肉、骨骼和关节是构成人体运动系统的主要要素,这几个要素之间有着极为密切的联系,共同推动着运动者运动能力的发展和提高。

（1）肌肉

肌肉是人体运动系统的重要组成部分,人的各种动作及行为都离不开肌肉运动。肌纤维可以说是肌肉的基本组成单位,若干肌纤维排列成肌束,若干肌束聚集起来构成肌肉。

一般来说,人体肌肉主要包括骨骼肌、平滑肌和心肌三种类型,其中骨骼肌数量最多,大约600多块,主要附着在骨骼上。根据骨骼肌外形的不同,可以将骨骼肌分为长肌、短肌、扁肌和轮匝肌四种类型。

（2）骨

骨骼在人体发展中扮演着重要的角色,这些功能能支撑人体及支持人体的运动行为。总体而言,人体骨骼主要有以下功能。

①支撑功能

人体中骨骼大小不一、形态各异。骨骼之间的连接最终构成一个完整的、坚实的人体框架,使人在外在形态上呈现出一个稳定性的轮廓,并且还支撑起体内脏器的重量和固定它们的位置,如此才能使血管和神经能有规律地定向执行循环和传导功能。

②运动功能

在人体运动系统中,骨骼起着重要的杠杆作用。在神经系统的调节和肌肉的带动下,骨骼能够通过对骨绕关节的运动轴进行牵引而产生各种运动。

③保护功能

骨骼之间的相互连接会构成一个体腔的壁,许多器官就在这个腔内空间中运转,无疑这个由骨骼构成的体腔壁就为这些脏器提供了保护,如胸骨对胸腔内心脏、肺脏等器官的保护,骨盆对对膀胱和众多生殖系统器官的保护等。

④造血功能

骨骼中的红骨髓是人体重要的造血器官,这一功能对人体各方面的健康发展都起着十分重要的作用。

⑤储备钙和磷的功能

骨盐中含有大量的钙和磷等微量元素,这些元素是体内钙、磷代谢的必备物质。

(3) 关节

关节在人体运动系统中也扮演着十分重要的角色。关节可以说几乎参与到所有人体的运动行为之中,可以说,如果没有关节这一结构,人体的多数动作都是难以实现的。关节的活动是由骨骼肌的带动牵引完成的,通过骨骼肌的带动,运动环节会绕关节的某一轴运动,如此形成各种人体想要做出的动作。由此可见关节的重要性。

一般来说,关节的运动形式主要有四种,具体为在矢状面内绕冠状轴的屈和伸运动;在冠状面内绕矢轴的外展和内收运动;在水平面内绕垂直轴的旋转运动;绕环运动。除此之外,滑动、水平屈和水平伸也是关节的主要运动形式。通过这几种运动形式,人体才能顺利地完成各种动作。

体育健身需要人体各个关节的参与,经常参加体育健身能有效帮助人体关节部位活动能力的提升,除此之外,经常参加体育健身还能提高关节囊和韧带的伸展性,增强关节的灵活性,由此可见关节在体育健身中的重要作用。

(二)体育健身与人体新陈代谢

1. 水代谢

俗话说,水是生命之源。没有了水,人体生命活动就难以进行。人体中含量最多的物质就是水,水也占据了人体体重的绝大部分比例。作为如此重要的人体物质,保持体内的水平衡显然是维持人体健康和正常活动的关键所在。人体中的水分多来自从外界摄入的水或食物,人体可以产生少量的水,这些水是由体内物质代谢过程中产生的附属物质。人体内水的排出一般有多种方式,主要方式为以尿液的形式排出体外,次要方式还有出汗、粪便排泄以及呼吸等。处于运动中的人体体内的热量会不断聚集,为了维持正常体温,此时就需要通过排汗的方式将热量带出体外。健身者参加长时间的运动锻炼后,体内会损失大量的水分,因此一定要进行额外的补充以满足机体所需。

2. 糖代谢

糖也是人体一种非常重要的供能物质。人体中的糖主要是从植物或动物类食物中获得的。当糖进入体内后,会在消化酶的帮助下转换为葡萄糖分子,继而被机体吸收。但如果摄取的是果糖,其吸收与利用的过程就会更为复杂。

血糖的功能主要是合成糖原这种大分子糖的必要要素。糖原有肌糖原和肝糖原两种,从名称可知这两种糖的存储位置不同。需要注意的是,人体的肝脏也能合成葡萄糖或糖原,这就是糖的异生。糖的异生在血糖功能发展中扮演着十分重要的角色。

人们要参加运动锻炼都需要一定的能量供应,只有如此运动锻炼才能顺利地进行。一般来说,人体所需的能量主要来自人体内糖的分解代谢。人体中糖的分解代谢有有氧氧化、糖酵解等几种过程形式,不同分解代谢的触发时机不同,并且也有着不同的供能特点。尽管运动量不大,但也会消耗运动者一定的能量。人体在运动的过程中,肌肉中的 ATP、CP 被消耗,此时肌糖原开始无氧分解过程从而开始调动体内供能。这一过程中肌细胞内钙含量也开始上升,同时增加的还有生长激素、甲状腺激素、雄性激素、儿茶酚胺等,种种改变使肌细胞产生了一些适应性变化,进而增大 EK、PFK、磷酸化酶等的活性,而这也是超量恢复理论的重要基础。

长时间地参加体育健身,会消耗体内大量的糖,在运动结束后要及时补充糖分。如果体内存储有足够的糖,并且有足够的氧摄入,则通过糖的有氧代谢方式就可以供给机体在运动中所需的能量,这就是我们通常所说的糖的有氧代谢。

3. 脂代谢

脂肪在人体中的作用也重大,通常来说,人体内的脂肪主要来自摄入体内的动物脂肪和植物油。脂肪有疏水性的特点,这使得它要想在人体的水环境中分解就需要酶的参与,或是借助从外界摄入的各种乳化剂。与糖相比,脂肪的吸收与转化就稍显复杂。

人体对脂肪的吸收可通过小肠上皮细胞直接吞饮脂肪微粒,另一种方式为脂肪微粒的各种成分进入小肠上皮细胞接受再度分解后重新合成脂肪所形成乳糜微粒,该微粒和大分子脂肪酸一并被转移进淋巴管,而甘油和小分子脂肪酸则会溶于水后被吸收。如此来看,淋巴和血液是脂肪吸收的两种途径。其中,淋巴吸收是最为主要的途径。当脂肪被吸收之后多数会存储于皮下、大网膜或肌肉细胞中,少量脂肪还会以合成磷脂、合成糖脂和合成脂蛋白的形式存储在体内。

脂肪的分解代谢过程最终会产生能量供人体活动所需。但脂肪供能不是运动后第一时间开始的,调动脂肪供能并没有那么容易,往往只是在人体进行那种时间长、运动强度中低等的运动时才会调动脂肪予以供能。脂肪供能是通过有氧代谢完成的,在脂肪的分解代谢过程中其首先会被分解为甘油和脂肪酸,然后继续分解为二碳单位,其最终的分解产物为二氧化碳和水。

4. 蛋白质代谢

蛋白质也是人体所需的一种非常重要的营养素,在人体运动的过程中发挥着关键的作用。人体中的蛋白质也是在消耗与补充的动态过程中保持一个平衡。如果要测量人体中蛋白质的代谢状况,可通过测定摄入的氮含量和排出的氮含量的方式进行。一般来说,人体的生理活动状况决定蛋白质的代谢状况。"氮总平衡"的状态多出现于正常成年人之中,此时人体体内的蛋白质的分解与合成基本持平。少年儿童则不同,因为他们正处于身体生长的快速期,这使得他们体内的蛋白质合成量大于分解量,由此体内的氮就会呈现出一种正平衡的状态。而患有某种消耗性疾病的人体内的蛋白质合成量小于分解量,由此体内的氮就会呈现出一种负平衡的状态。这种负平衡状态对于人体参与各种各样的运动是不利的。

大量的研究与实践表明,长时间参加体育锻炼会在一定程度上影响人体蛋白质代谢,基本上来说,这一影响是积极的,主要表现在两个方面:一方面,经常参加运动锻炼能有效促进蛋白质的生成;另一方面,经常参加运动锻炼还能有效促进骨骼肌蛋白质的合成,这对于人体肌肉力量的增强具有十分重要的意义和作用。因此,在平时一定要注意蛋白质的补充,蛋白质补充的量要适当,能维持机体所需即可。

5. 维生素代谢

维生素也是人体所需的一项重要的营养素。维生素在人体中不能自行合成,在平时的饮食中,人们可以通过摄入各种食物获取充足的维生素。维生素的种类众多,每种维生素对人体都有不同的作用,而人体则需要全面的维生素补充才能保持机体的正常运转。维生素的奇特之处在于,不同类型的维生素都拥有各自独特的结构。虽然维生素对人体起着较多作用,但人体的细胞结构中却不含维生素,且维生素也并不参与对人体能量的提供工作。它们最大的功能就是给体内的能量代谢过程和各种调节过程提供辅助力。

维生素的主要作用是参与辅酶的生成过程。如果人体缺乏某种维生素,就会导致某种酶的催化能力受到限制,从而引发体内的代谢失调。需要注意的是,维生素的摄入要适当,不要过量。

6. 无机盐代谢

无机盐主要以磷酸盐的形式存储在人体骨骼中。它对于人体的发展也具有十分重要的作用,其主要作用在于调节人体内的渗透压,以及维持体内酸碱平衡。在体液中,无机盐会被解离为离子,体液中的离子有阴阳之分,参与人体细胞代谢,发挥着极为重要的作用。

二、运动心理学基础

(一)运动动机

1. 动机的概念

动机是指推动个体进行活动的心理动因和内部动力,它能引起并维持个体的活动并且指向一定的目标。运动动机是推动运动员参与体育运动的内部动力。

2. 动机分类

（1）生物性动机和社会性动机

生物性动机是指有机体自身的生物学需要，如饥饿、睡眠等生理需求而产生的动机。社会性动机是指以个体的社会性需要为基础，如情感、成就、尊重等而产生的动机。

（2）内部动机和外部动机

无论人们参加什么样的活动，总会有一定的动机，内部与外部动机便是重要的两种动机。内部动机是指来自个体内部需要的动机，如归属感、自我实现等心理需要；外部动机是指来自外部环境的刺激和诱发，例如奖金、名誉等。

相对而言，内部动机的推动力大于外部动机，持续时间也更长。但以内部动机主导的运动员缺少强烈的成为冠军的雄心。他们更享受运动过程中获得的自我提升和掌控感。而外部动机对运动员的推动力较小，维持的时间也较短，但是以外部动机主导的运动员有更强的目标感，会为了这一目标而不断地努力，但当实现不了这一目标时，动机就会减弱。

（3）直接动机和间接动机

直接动机是指以兴趣爱好为出发点，更多地指向活动过程的动机。比如学生对篮球运动的热爱，享受在运动过程中发挥自身潜能的愉悦感。间接动机以间接兴趣为基础，更多地指向活动结果。如运动者为了学会某一技术动作而不厌其烦地不断地练习某一动作。

需要注意的是，如果任务难度过大，直接动机就表现出一定的局限性，需要间接动机进行强化，二者相结合才能促使人们以积极饱满的精神参与到某一运动之中。

3. 动机的培养与激发

如何培养和激发人们参加体育健身的运动动机是一个值得思考的问题，一般来说，可以从以下几点为突破口培养和激发运动者的运动动机。

（1）满足乐趣的需求

人们在参加各种体育项目健身的过程中通常都能获得愉悦的感受，能很好地满足自身的娱乐需求。这是人们参加体育健身的一个非常重要的原因。因此,运动者要保持运动兴趣,产生更加强烈的内部动机。可以通过不断地变换训练方式避免让训练枯燥乏味,同时给予学生积极的肯定和鼓励等。

(2)胜任感的需求

胜任感是体育运动中普遍而强烈的需求,是每个运动员都非常重视和悉心呵护的精神财产。作为教练员,应该花精力设计安排训练或者比赛,让每一位运动员都有成功的体验,对自己的技术水平有积极自信的认知。如果运动者在参与某项运动中受到挫折,切记不要灰心,要努力战胜困难,增强积极的心理反馈。

(3)归属感的需求

寻求归属感是每个人都有的心理需求。它可以避免孤独和恐惧,获得心理上的依托和安全感。对于普通的运动爱好者而言,他们渴望成为运动集体的一员,尤其是在全民健身活动开展得轰轰烈烈的今天,人们的这一归属感更加强烈。

(4)自主需求

自主性可以说是人们参加体育健身活动的基本需求。参加哪一运动项目,目的是什么,参与健身的人们有着绝对的自主权。大量的研究表明,否定个人控制自己生活的权利会损伤体能的内部动机,而给予一定的自主权,鼓励个体个人发展,会让他们获得满足感,并为自己的行为负责,愿意肩负起更大更多的责任。

(二)运动情绪

一般来说,人的情绪主要分为积极情绪和消极情绪两种。认知心理学的研究结果显示,积极情绪提高注意灵活性,消极情绪则减损了灵活性。情绪可以说是影响运动者参与健身的重要因素。在积极情绪作用下,运动者进行决策的速度较快,在运动中能积极地完成各种动作,充满了正能量。而在消极情绪下,运动者的决策速度相对较慢,参与运动的热情也不是很高。关于情绪、认知和行为决策,目前存在两种观点。一种观点认为情绪和认知相互作用共同影响决策行为。另一种认为在情绪、认知和行为之间,情绪的作用为内隐性质,它还可以直接影响运动者的各种运动行为。

第二节 体育健身的科学原理

人们在参加体育健身时,不仅要掌握健身的方法与技能,同时还要熟知体育健身的基本原理和知识,以这些理论知识为指导,能保证体育健身的科学性和合理性,同时还能有效避免运动损伤。

一、人体适应原理

对于人类而言,在长期的与大自然斗争的过程中,不断提升了自身的环境适应能力,正因如此,人类生命才得以存活和延续。以人们参加体育锻炼为例,通过长期的体育锻炼,人体为了适应某种运动的需要,参加工作的肌肉体积加大,力量增强,心肌变厚,脉搏次数减少,肺活量加大,血压下降等。以上这些都是人体本身所具有的适应能力。但需要注意的是,人体的这种适应能力是建立在一定的条件之上的,当外界刺激物的强度超出了机体所能承受的限度,人就会得病或者死亡。在限度范围内,由于外界刺激物的作用,人体内部会引起一系列的变化,如此才能适应外部环境变化而生存与发展。

人们参加体育健身不是单纯的身体运动,其机体的变化和完成活动的种类与特点有着极为密切的联系。例如,长时间的跑类运动可以改进心血管和呼吸系统的功能,提高耐久力和培养顽强的意志;多次完成跳跃练习,能够提高肌肉的爆发力量和弹跳能力。正是在这样的适应与改造的过程中,人体素质才得以进一步发展,才更好地适应周围环境的变化,更好地立足于社会。

二、运动负荷原理

依据运动生理学基本理论,在一定的生理范围内,增大机体的运动负荷,机体所产生的超量恢复的效果也越大,适应性变化就越大;降低机体的运动负荷,则引起机体的适应性变化效果也越小。因此,人们在参加体育健身时，要依据运动负荷的基本原理合理地安排运动负荷，要符合运动者身心发展特点及实际，运动负荷不能过大或过小。具体而言，应注意以下两个方面。

一方面，依据健身者的实际需求与能力合理安排运动负荷，过小的负荷对机体难以产生有效的影响，而超过人体生理限度的运动负荷，则对健身效果不利，甚至容易导致运动损伤，阻碍机体的发展。

另一方面，在体育健身的过程中，人们要学会克服"习惯性负荷"对机体的影响。这是由于在长期的体育锻炼中，总是采用相同的负荷对机体施加影响，而没有考虑机体已发生的趋优变化，机体会对这种负荷逐渐"习惯"，从而使得机体所接受的负荷刺激减小，所产生的适应性变化也小，增强体质的效果也就不十分明显。因此结合健身者的具体实际有针对性地调整运动负荷非常重要。

三、超量恢复原理

在运动生理学中，超量恢复是指人体在运动中消耗的能源物质，在运动后一段时间不仅恢复到原来水平，甚至会超过原来水平的现象，保持一段时间后又回到原来水平。

根据超量恢复原理，人们参加体育运动健身，为了获得理想的健身效果，应做到以下两个方面。

一方面，在体育健身的过程中，机体必须要承受一定的生理负荷，产生一定的身体疲劳，才能达到预期的目的。如果身体没有得到必要的消耗，那么是难以获得理想的锻炼效果的。

另一方面，在结束体育健身后，必须有合理的恢复与休息，这是产生超量恢复的前提条件，因此，健身者一定要在运动结束后进行必要的整理活动，并加强营养和休息。

第三节 体育健身与保健

一、体育健身中的疲劳与恢复

（一）运动性疲劳的概念

人们在参加体育健身后，总会出现一定的疲劳现象，这是非常正常的。无论身体疲劳还是精神疲劳，都是大脑皮质的保护作用。当内环境发生变化促进大脑发出保护性抑制，中枢神经系统工作能力逐步降低。当肌肉活动达到一定程度之后，随着能源物质的耗竭、血液中代谢物堆积、内环境稳定性失调等便会引起疲劳。因此，疲劳其实是生命体对根据内外环境的适应情况所做出的一种生理性防御，防止机体的精神或者躯体因过度工作而受到伤害。人们在参加体育健身的过程中，身体消耗会越来越多，这时候机体的运动能力、身体功能均逐渐出现暂时性下降的生理现象。只要经过合理的休息，身体就会得到恢复。运动疲劳可以说是一种机体保护机制，提醒人们要进行适当的休息。通常来说，运动疲劳可以通过人体的体征和精神两方面表现出来。体征方面，主要表现为面色苍白、肌肉抽搐、呼吸困难、口干舌燥、腰酸腿痛等。精神状态方面，主要表现为精神恍惚、浑身无力、情绪低落、缺乏热情、困倦、反应慢等。如果运动疲劳现象比较严重就要停止运动，进行适当的休息和调整，以免出现过度疲劳。

（二）运动性疲劳的分类

运动性疲劳的划分有多种标准，下面就依据不同的标准阐述运动性疲劳的分类。

1. 按身体划分

（1）全身疲劳

全身疲劳是全身运动使身体的各个器官在长时间、高强度的持续工作下机能下降而导致的疲劳，它可造成全身身体机能下降。

（2）局部疲劳

局部疲劳是指身体的某个局部由于运动过量，导致局部器官的机能下降，产生疲劳。如人们在健身房做一些力量器械练习时，相关部位会随着锻炼的进行而产生疲劳的现象，这就是局部疲劳。

2. 按脑力、体力划分

（1）脑力疲劳

由于运动的持续刺激，大脑皮层细胞的工作能力开始下降，大脑皮层出现广泛性抑制使疲劳产生。脑力疲劳影响很大，如果人们参加体育健身的时间很长，往往会产生脑力疲劳。在出现脑力疲劳时，身体机能也随之下降。

（2）体力疲劳

体力疲劳是指身体在进行锻炼的过程中，机体的工作能力出现下降而产生的疲劳。如肌肉酸痛、乏力、工作能力下降等都是体力疲劳的表现。

3. 按运动方式划分

（1）快速疲劳

人们在参加体育健身时，如果强度过大就容易出现快速疲劳的现象。每个人的身体条件和运动基础都是不同的，一定要根据自身的具体实际合理安排运动的强度。

（2）耐力疲劳

小强度、长时间地训练或者运动而引起的身体机能下降称为耐力疲劳，耐力疲劳的发生较缓慢，恢复时间也相对较长。马拉松、越野滑雪、长距离游泳等可产生耐力疲劳。

4. 按身体器官划分

（1）呼吸系统疲劳

由运动引起的呼吸机能的下降现象称为呼吸系统疲劳。一般的训练和运动中不常见，多出现在长时间运动或憋气用力后，比如人体在剧烈运动时呼吸表浅、喘不过气、肺功能下降等。

（2）骨骼肌疲劳

由于运动而引起的骨骼肌机能下降的现象称为骨骼肌疲劳。如健身者在健身房进行力量训练时,可能会出现肌肉收缩力下降的现象,这就属于骨骼肌疲劳,需要采取一定的措施促进机体的恢复。

(3)心血管疲劳

由运动引起的心脏、血管系统及其调节机能下降的现象被认为是心血管疲劳。人们在参加一段时间的体育锻炼后,出现心输出量减少、舒张压升高等症状,预示着可能会出现心血管疲劳现象。

(三)运动疲劳的判定

运动性疲劳可以分为生理性疲劳和心理性疲劳两种。目前关于心理性疲劳的研究相对较少,大部分研究都是关于生理性疲劳的研究。以上分析可知,运动疲劳是体育锻炼的必然结果,那么如何判定运动疲劳就成为一项重要的内容。

1. 自我感觉

当健身者在参与健身的过程中出现呼吸紊乱、口干舌燥、浑身乏力、动作迟钝、肌肉痉挛或疼痛等症状时,就说明机体已处于疲劳状态,这些症状健身者能够明显地感受到,通过自我感觉就能判断出是否出现疲劳现象。

2. 物理检查

当健身者出现一些疲劳现象时,可以通过必要的身体指标检查来准确地判断自身的疲劳程度,如血压下降、体温升高、心率加快等。一般来说,人的运动性疲劳检查分为以下三种类型。

(1)形体疲劳。主要指肌肉、肌腱和韧带、骨和关节的疲劳。主要表现为肌肉酸痛、动作不协调、脉搏多弦等。

(2)脏腑疲劳。主要发生在大强度的运动锻炼后,主要表现为脾胃功能失调、口淡无味、面色苍白、舌淡脉弱、心悸腰酸、神疲乏力等。

(3)神志疲劳。主要表现在精神和情志方面的改变。疲劳表现为失眠、精神不振、困倦等。

3. 心理分析

通过一定的心理分析也能判断是否出现了运动性心理疲劳的现象。目前,评定心理疲劳的方法有很多,比较常见的分为三类:观察评定、主观感觉评定和客观指标评定。

(1)观察评测

当健身者在体育锻炼中表现的反应迟钝、精神恍惚、情绪烦躁、易怒、沮丧、肌肉松弛、动作懈怠不活泼时,均可以初步判断为心理疲劳。观察评定是一种在实践中比较容易操作的方法,但是它的缺点是不够客观和准确,还需要结合其他方法一起使用。

(2)主观感受

主观也是一种评价心理疲劳程度的方法,是根据运动时的中枢疲劳和外周疲劳信号综合制定的。它对于健身者身体疲劳的判定也起到一定的辅助作用。

(3)客观指标

通过测定大脑皮层的兴奋和抑制功能,分析人的感觉、注意力、思维活跃度、个性差别等各种心理活动。这些客观指标能有效地判断人体运动疲劳。

(四)运动疲劳的恢复

1.水疗法

蒸汽浴、温水浴、桑拿浴等都属于重要的水疗法,一般情况下,水疗的水温以40℃左右为佳,持续时间以10—20分钟为宜。下面简单介绍后两种。

(1)温水浴。温水浴可促进全身的血液循环,调节血流,加强新陈代谢,能有效促进机体的恢复,因此较为常用。温水浴的水温为40℃左右,时间为不超过20分钟。

(2)桑拿浴。桑拿浴是指利用高温环境加速机体血液循环,使人体大量地排汗,从而及时排出代谢产物。桑拿至少要在运动后半小时以后,待呼吸平稳后再进行。

2.加强膳食营养

人体在进行大量的运动后会丢失大量的能量,因此补充营养物质无疑是促进机体恢复的最直接有效的手段。膳食营养补充需要从以下方面进行。

（1）补充糖

健身者在参加体育锻炼后，糖的补充应保证及时和充分。有研究显示，含糖数量不同的饮食对肌糖原含量和耐力运动的成绩具有明显的影响。另外，补糖的时间也很重要，最佳的补糖时间是在运动后前2个小时之内。此外，大运动量的锻炼之后，应当安排适当的休息。也可以选择运动饮料的形式。

（2）补充蛋白质

蛋白质是人体所需的重要营养物质，具有多种重要的生物学功能。一般一个成年人的蛋白质需求量为每天1.0—1.2克/千克体重。儿童青少要达到每天2.5克/千克体重才能更好地满足他们旺盛的身体发育所需。平时日常补充就能满足健身者参与健身的需要。

（3）补充脂肪

脂肪的补充也非常重要，各种肉类都含有或多或少的脂肪，但是来自植物的各种脂肪相对含有较多的必需脂肪酸和脂溶性维生素，具有更高的营养价值。而且还要注意更换食用油的种类也对运动员的健康有一定的帮助。

（4）补充维生素

维生素的补充对于提高健身者的运动能力有着极为重要的作用。健身者在平时要注意合理地补充维生素。但维生素并不是越多越好，过量的脂溶性维生素在人体内会产生毒性。而水溶性的维生素C和维生素B族虽然过量也不会产生毒性，但是超出机体所需的量便会通过尿液和其他体液排出体外，因此过多的摄入反而成为一种浪费。

（5）补充水分和电解质

补充水分对于促进健身者机体的恢复也是十分重要的，在夏季，健身者的出汗量要远远多于其他时候。由于人体对食物的耐受能力要比对水的耐受能力强，也就是说，运动员体内水分的大量丢失将破坏血液循环和基本代谢功能，阻碍营养物质、氧气和代谢废物的运输，还会影响运动员的体温调节功能。所以，脱水是非常危险的，会导致机体对缺氧的耐受能力、肌肉耐力、体力活动能力和最大有氧能力下降。无论有无热负荷的存在，机体脱水达4%将引起运动能力的严重降低。汗液中含有多种有机盐和无机盐，当人体大量流汗时，一些重要的电解质物质比如钾、钠、钙、镁等的含量会下降，甚至造成一定的危险。

健身者在补水时，应遵循少量多次的基本原则。一般在运动前补充

400 至 500 毫升，运动中或者暂停时可补液 150 至 300 毫升，运动后补液也要遵循少量多次的原则，以免造成胃部不适。另外，也可以选择合适的运动饮料进行补充。

3. 按摩手段

按摩是快速消除运动性疲劳的有效手段。最为常见的按摩手段有机械按摩、水压按摩、气压按摩和人工按摩。按摩不仅可以促进大脑皮层中兴奋和抑制的转换，使因疲劳引起的神经调节紊乱消失，还可以促进血液循环和淋巴循环，加强局部血液供应，促进代谢产物尽快排出，加速消除运动性疲劳。根据运动项目的特点和疲劳程度，选择按摩部位。一般着重按摩运动负荷最大的身体部位，人工按摩是最好的方式，可以非常准确地针对工作肌肉的部位进行揉捏，穿插使用按压、搓和拉。

通常情况下，按摩最好安排在运动与整理活动之后，也可以安排在运动结束洗澡后或晚上临睡前进行，这样有利于放松和恢复，有利于接下来的健身活动的顺利进行。

二、体育健身中的健康饮食

（一）人体所需营养素

1. 蛋白质

在人体所必需的各项营养素中，蛋白质发挥着极为重要的作用。蛋白质是支撑人体进行生命活动的最重要的营养物质，它的作用主要包括：构成机体组织、促进生长发育；构成身体中的酶和激素；调节人体的酸碱平衡；增强人体免疫能力；为身体提供热能等。一旦身体中的蛋白质含量不足，人的机体就会出现各种问题，比如肌肉萎缩、贫血、免疫力降低、内分泌紊乱等。青少年时期如果缺乏蛋白质，还可能会导致人无法正常生长发育，出现身材矮小等状况。

人们主要通过食物获得蛋白质。肉类、蛋类和奶类是主要的动物性蛋白质来源，豆类则是主要的植物性蛋白质来源。由于我国的饮食结构为高碳水型饮食结构，即以谷类为主食，所以即使谷类植物中的蛋白质含量仅为 10% 左右，也是我国人民的重要蛋白质来源。经常参加体育锻炼的人,在保证基本膳食的情况下,要适当地额外补充蛋白质,以满足机体的需求。

2. 脂肪

脂肪这一营养素在人体中也扮演着非常重要的角色,其作用主要包括:为身体提供热量、参加机体新陈代谢、保护内脏、保持体温稳定、促进溶脂性维生素的吸收等。

动物性脂肪的来源主要包括各种动物油脂、奶油和蛋黄等,植物性脂肪来源主要包括各种植物食用油以及各类坚果等。除此之外,各种谷物中富含的糖类,也可以在人体中转化为脂肪供机体使用或者储藏。

3. 糖类

糖类的主要作用是为机体提供能量,机体所需的能量中,有60%都是由糖类提供的。除此之外,糖类还是一些组织的组成部分;糖类还具有调节脂类代谢的作用,能够通过代谢为身体解毒;糖类对肝脏也具有一定的保护作用。如果机体中的糖类含量不足,人们就会出现低血糖的状况,后果为大脑机能下降,无法进入兴奋状态,无法继续进行运动,严重的情况下还可能会导致晕厥。由此可见,糖类的作用十分重要,健身者参加体育锻炼一定要补充充足的糖类营养素。

4. 维生素

维生素能够调节人体物质能量代谢,是人体必不可少的营养物质之一。按照维生素的性质对其划分,可以将维生素划分成脂溶性维生素和水溶性维生素两种。这两种维生素都非常重要,需要及时地补充。

(1)维生素A

维生素A主要作用于人的视力,能够保证人的正常视力水平以及维持上皮组织结构的健全。当人体中的维生素A含量不足时,通常会出现视力水平下降、人眼的暗适应能力下降等情况,严重的时候还可能会导致夜盲症。维生素A最好的来源是各种运动的肝脏和鱼卵、乳品类、蛋黄以及胡萝卜、菠菜等黄绿色蔬菜中。

(2)维生素D

维生素D主要作用于人体的钙磷代谢以及骨骼生长发育,对于人体的钙吸收、骨骼的钙化以及牙齿的正常发育具有重要的作用。当人体中的维生素 D 含量不足时,可能会导致机体无法正常吸收钙物质,出现骨盐溶解的状况,进而导致脱钙现象。人们可以从鱼肝油、蛋黄和各种奶制品中获得维生素 D,此外,人体皮肤中的 7-脱氢胆固醇在阳光紫外线的照射下也能转化成维生素 D。

(3)维生素 E

维生素 E 能够增强机体在缺氧条件下的耐受能力,减少组织细胞的耗氧量,增强心脏功能,扩张人体血管,改善人体血液循环,在和维生素 C 结合的情况下,还能够预防和改善动脉硬化。人们一般从动物食品中获取维生素 E,植物食品中的小麦胚芽、玉米以及绿叶蔬菜中也富含维生素 E。

(4)维生素 B

维生素 B 主要作用于糖类代谢,它能够促进肝糖原和肌糖原的生成,能够保护神经系统的功能。此外,维生素 B 对于缓解机体的疲劳也具有显著的作用。人们一般可以从各种谷物中获取维生素 B,在维生素 B 缺乏的情况下也可以通过服用含有维生素 B 的保健药品进行补充。

(5)维生素 C

维生素 C 具有非常广泛的作用,首先它能够帮助机体进行氧化还原反应,提高 ATP 的酶活性;其次它能够促进伤口愈合;再者它能够促进造血机能,帮助身体解毒;最后它还能够缓解疲劳,帮助提高机体耐力,促进体力恢复。维生素 C 的来源十分广泛,广泛存在于各种水果和蔬菜中,在平时的膳食中就能满足机体的需求。

5.矿物质

矿物质在人体内的含量约为人体重的 5%,是机体组织的组成部分,也是调节生理机能的重要物质。矿物质包含普通的矿物质和含量极小的微量元素两种,前者主要为钙、镁、钾、钠、硫、磷等,后者主要为铁、磺、氟、锌等。矿物质能够通过人体代谢被排出体外,因此在日常生活中要非常注重矿物质的补充。人体比较容易流失的两种矿物质分别为钙和铁,下面我们对这两种矿物质的作用和来源进行具体阐述。

(1)钙

钙这一元素对于人体发展非常重要,尤其是对于青少年而言。钙是构成人体骨骼和牙齿的主要物质,能够帮助血液的凝结,维持神经在肌肉的正常兴奋性。一般正常成人每天需要的钙含量为 0.6 克,儿童、孕妇和老人可以在此基础上适量增加摄入的钙的含量。钙还可以通过排汗的方式排出体外,因此在大量运动的情况下也应该增加摄入的钙的含量,以维持机体的需求。

(2)铁

当人体内铁含量不足时,就容易出现缺铁性贫血的现象,进而导致人体机能水平随之下降。一般情况下,一名成年男子每天需要补充的铁的含量为12毫克,青少年和妇女需要补充的铁为15毫克。铁也会随着人体排汗而被排出体外,因此在大量运动之后也应该根据自己的情况适当地补充铁这一营养素。

(二)健康饮食的要求

1. 食物营养成分互补

在平时的生活、工作或运动锻炼中,补充充足的营养物质是非常重要的。因为只有满足机体的每一种营养物质需求,才能保证青少年健康发展。而食物中所含的营养物质具有相对单一的特点,比如肉蛋奶中富含蛋白质,蔬菜水果富含维生素和无机盐,各类主食富含糖类,只有将这些食物结合起来,才能满足人体对营养物质的多样化需求。因此,健康的饮食结构要求,必须保证青少年食用的各种食物之间具有营养成分互补的特点,保证青少年能从不同的食物中获得全面的营养物质。

2. 营养成分要满足青少年生长发育的特点

人生的不同阶段,机体对营养物质的需求是不同的。青少年时期是人生长发育的重要时期,一方面需要保证青少年获得充足数量的营养物质,另一方面需要注意青少年获得的营养物质的种类结构,应该形成高蛋白、高热量、高维生素、适量脂肪的营养物质结构,为机体发展提供充足、合理的营养物质。

3. 要做好特殊体能消耗的补充

日常饮食提供的营养物质足够支撑日常活动,但是对于特殊的体能消耗活动,应当适当调整饮食,以保证充足的营养物质支持。比如进行了一定的体育劳动之后,可以适当增加饮食量;完成一定的运动锻炼之后也可以适当地增加饮食量。

三、体育健身中的损伤与处理

(一)运动损伤的预防

1. 预防运动损伤的意义

健身者在参加体育锻炼的过程中难免会发生一些运动损伤,发生运动损伤的原因是多方面的,其中运动基础较差、准备活动不足等是常见的因素。运动员参加体能训练时可能会发生一定的运动损伤,这是正常的,因为任何活动都会存在一定的风险性,要想完全避免是不可能的。但需要注意的是,我们可以通过各种手段和措施预防运动损伤,将运动损伤发生的概率降到最低。如果不事先采取积极的预防措施,就容易导致运动损伤。由此可见,加强运动损伤的预防是十分重要的。

2. 运动损伤预防的原则

(1)提升预防损伤意识原则

健身者参加体育运动锻炼,要保证锻炼的科学性和有效性,同时又要注意运动安全。在体育锻炼中,健身者一定要注意提升自己预防运动损伤的意识,要充分意识到预防运动损伤的重要性,不断培养和提升自身的安全防护技能。

(2)合理负荷原则

在参加体育锻炼的过程中,也要注意安排合理的运动负荷,如果运动负荷不当就容易导致运动损伤。一个合理的运动负荷能极大地降低运动损伤发生的概率,确保运动中的安全。合理的运动负荷要依据个人的身体条件和运动基础而定。

(3)全面加强原则

全面加强主要是指促进健身者身体素质的发展。要想获得理想的运动水平,健身者就需要具备良好的身体素质,良好的身体素质是健身者提高运动水平、杜绝运动损伤的重要条件。因此在平时的体育锻炼中一定要坚持全面加强的基本原则。

(4)严格医务监督原则

为有效预防运动损伤,还需要加强医务监督。必要的医务监督有助运动员及时发现身体不适等状况,实现早发现、早处理的目的。除此之外,还要定期或不定期地检查各种硬件设施,排除安全隐患,保证运动安全。

（5）自我保护原则

在体育健身中,健身者要注意自我保护,严格遵循自我保护的基本原则,努力提升自我保护意识和防护能力。

3. 运动损伤预防的措施

任何体育活动都有一定的风险性,因此采取必要的预防措施是非常重要的,这样能有效降低运动损伤发生的概率。

具体而言,健身者在参加体育锻炼时可以采取以下预防损伤的措施和手段。

（1）加强力量素质的锻炼

在人体各项体能素质中,力量素质非常重要,它是其他体能素质的重要基础。只有力量素质合格了,才有可能顺利地参加运动或训练,无论是对于普通健身爱好者还是专业运动员,力量素质都是至关重要的。拥有良好的力量素质不仅能帮助运动者在训练中展现出强大的爆发力与协调力,同时还能有效预防运动损伤。因此,加强力量素质的练习非常重要。

（2）加强体格检查

体格检查也是预防运动损伤的重要举措,这有助于运动者充分了解自身的发展状况,从而制定出科学合理的活动方案,保证体育健身锻炼的科学性。

（3）加强自我保护

在具体的体育健身锻炼中,健身者要根据学会自我保护的方法,在运动过程中加强自我保护,这样能有效预防运动损伤。

（4）维护良好的运动环境

一个良好的健身环境也是非常重要的,在平时的体育健身锻炼中,健身者还要密切关注体育场馆和设备的卫生及其他环境问题,加强运动器材的维护和整修,这有利于健身者的运动安全。

（二）运动损伤的处理

1. 擦伤

擦伤可以说是一种常见的表皮损伤，擦伤后，多可表现为皮肤表皮剥脱，可伴渗液、出血。

健身者在参加体育健身时，受方法不当等方面的影响，比较容易发生擦伤现象，可以按照以下方法进行处理。

（1）较轻擦伤：生理盐水冲洗，涂抹红药水或紫药水或0.1%新洁尔溶液。

（2）大伤口擦伤：生理盐水刷洗、清理创面异物，碘酒或酒精消毒，涂云南白药，纱布包扎。

（3）关节擦伤：清洗、消毒、涂抹医用止血止痛药，如青霉素软膏。

2. 挫伤

挫伤，是一种受钝性外力作用产生的伤口闭合性损伤，与擦伤相比，挫伤的损伤程度要更深，伤后可伴有肿胀、疼痛、出血等现象的发生。

健身者在发生挫伤现象时可以采取以下方法处理。

（1）伤后即刻局部冷敷、外敷新伤药。

（2）四肢挫伤：包扎固定，及时送医。

（3）头部、躯干部严重挫伤：观察伤者是否受伤有休克、大出血现象，如有应先进行休克处理，尽快止血，及时送医。

（4）手指挫伤：冷水冲淋、按压止血，包扎。

（5）面部挫伤：冷敷，24小时后热敷。

（6）伤情严重者及时送往医院处理。

3. 拉伤

拉伤一般情况下是人体肌肉过度收缩或拉长导致，在体育健身的过程中，健身者常因准备活动不充分、动作用力过猛等而出现拉伤的情况。在发生拉伤现象时，可以采取以下方法处理。

（1）轻度拉伤：冷敷，局部加压包扎，抬高患肢。

（2）严重拉伤：简单急救后，立即送医。

4. 扭伤

扭伤是肌肉、韧带、关节超过自身活动范围的扭动所致损伤,活动不充分;动作幅度过大、运动方向不当均可致伤,伤后可有疼痛、肿胀感,严重者有运动障碍。发生扭伤现象时可以采取以下方法处理。

(1) 指关节扭伤:冷敷,牵引放松,固定伤部。

(2) 肩关节扭伤:冷敷和加压包扎,24小时后可按摩、理疗或针灸。

(3) 腰部扭伤:平卧休息,伤部冷敷。

(4) 膝关节扭伤:压迫痛点止血,抬高伤肢,加压包扎,及时就医。

(5) 踝关节扭伤:压迫痛点,包扎固定;韧带断裂应压迫包扎并及时就医。

5. 关节脱位

关节脱位,指关节离开关节应在位置,关节脱位后关节及其周围肌肉有明显疼痛、肿胀、撕裂感,关节功能丧失。在发生关节脱位时,健身者不要慌张,可以采取以下方法处理。

(1) 如有经验,可以及时复位。

(2) 如无复位经验,及时送往医院救治。

6. 肩袖损伤

肩袖损伤主要是由肩关节超常范围急剧转动、劳损、牵拉、摩擦等引起。发生肩袖损伤时,健身者肩外展通常会感到一定的疼痛,肩外展或内旋疼痛会加重。如果不及时处理就容易引发各种疾病,因此一定要做及时的处理。

运动者发生肩袖损伤时可以采取以下处理方法。

(1) 急性发作期间,暂停健身,肩关节制动,上臂外展30°固定,以减小有关肌肉张力而减轻疼痛。

(2) 进行必要的休息、调整后,可理疗、按摩和针灸。

(3) 伴有肌腱断裂并发症时,立即送往医院救治。

7. 腰肌劳损

腰肌损伤是指运动者在运动时腰部长期保持同一个状态或腰部动作过多,腰部肌肉运动幅度过大而造成的损伤,长时间疲劳没有恢复的情况下持续运动可导致腰肌劳损。腰肌劳损的症状一般为酸痛，具有一定的刺痛感。

运动者在发生腰肌劳损时可以采取以下方法进行处理。

（1）可以采用理疗、按摩、针灸等治疗手段。

（2）可以口服针对性药物。

（3）用保护带及加强背肌练习进行运动康复。

（4）顽固病例应进行手术治疗。

8. 髌骨劳损

髌骨劳损是髌骨的关节软骨面和髌骨因缘股四头肌张腱膜的附着部分的慢性损伤，发病时，有膝软与膝痛现象。

运动者在参加户外拓展训练时，发生髌骨劳损时可以采取以下处理方法。

（1）根据自身实际情况适当地调整运动量的大小。

（2）注意受伤部位的积极性休息。

（3）可以采取按摩、理疗等手段进行治疗。

9. 韧带损伤

受运动不当或准备活动不充分的影响，健身者在做大幅度的动作时容易拉伤韧带，在发生韧带损伤时可以采取以下处理方法。

（1）弹力绷带做8字形（内侧交叉）压迫包扎，冷敷。

（2）棉花夹板固定，加压包扎、制动，减少出血、止痛。

（3）韧带完全断裂者及时送医处理。

（4）伤后24小时左右可中药外敷或内服、按摩、理疗。

（5）韧带完全断裂应及时送医进行手术缝合。

第四章
健康中国视域下体育健身的科学手段与方法指导

在健康中国视域下,加强对全民体育健身的科学指导是工作的重点部分,也是保障推进健康中国战略的重要支撑。我国作为一个人口大国,要推行一个全国性的政策或者行动,必须通过科学的方法。本章围绕体育健身的科学方法指导展开论述,分别介绍了做好必要的准备活动与整理活动、体育健身的科学原则、体育健身的科学方法以及体育健身计划的制定与实施这几个方面的内容,希望对促进我国健康中国战略的顺利开展起到一定的积极作用。

四

第一节　做好必要的准备活动与整理活动

一、必要的装备与器械准备

在日常的体育健身休闲活动中,一般可分为健身房的器械锻炼、体育馆中的比赛活动以及日常的跑步、游泳以及一些户外运动。近些年来,户外运动尤其受到人们的喜欢,比如登山、徒步、滑雪等等。在健身房里锻炼一般都会有完善的器械和装备;日常的路跑也相对较为简单,主要是准备两双具有减震功能的跑鞋和两套易于排汗的速干衣;而游泳只要有合适的游泳衣、泳帽和泳镜就足够了。由于近些年户外运动的兴起,我们在这里要着重介绍一些户外运动的装备准备。因为对于户外运动而言,装备是运动的前提,直接影响运动能否进行下去。恰当的用具与服装是科学运动的准备工作之一。因为,良好的装备对运动者有很好的保护作用,也能够增强运动者的运动信心和运动热情。下面将主要从衣着用品和宿营用品两方面进行具体的介绍。

需要注意的是,进行户外体育运动还需要对出行方式、起止时间、人员组成、身体状况以及天气条件等多个方面提前做好准备和计划,并在此基础上确定户外运动所需要的具体器械和装备。

(一)衣着用品

1. 服装

进行户外运动时,着装及其相应的用品准备非常重要。一般而言,户外着装从内到外都需要特别严格的选择,分层着装是较为普遍的、科学的着装方法。分层着装的最大特色是保持每层衣服之间有一空气层,因此达到每层之间形成一个较为稳定的温度层,如果遇到寒冷环境,则起到良好的保温作用,防止热量快速散失;如果气温高天气热则可以脱掉一层或两层来调节和适应环境的温度,保护体温在合理的范围内。此外,户外运动的服装在保证功能性的同时,一般都注重追求轻便的特性,以便不给户外运动者带来额外的负重。另外,户外运动服装还有透气速干的特性。因为当人们在进行户外运动时，由于身体在不停的运动中，身体会大量地散热，并伴随着水分的流失。那么通过分层穿着，就可以方便地调节，大大降低感冒着凉的风险。因此，一般情况下，进行户外运动至少需要准备四层衣服：内层、中层、外层、防雨层，按功能分为内衣、保暖衣、外衣、裤子和雨衣。

（1）内衣

户外运动的内衣选择非常重要，需要注意以下两点。

第一，要选择含有化纤成分的内衣。但是，内衣的化纤含量不能太高。含有一定的化纤成分可以利于内衣保持干爽，但是如果化纤成分过高，在长时间运动的情况下，则会产生大量的摩擦，使人容易产生燥热的感觉，严重时还会令皮肤感到强烈的灼烧感。

第二，不要选择纯棉内衣，纯棉内衣尽管穿着舒适，但是不利于户外运动时穿着。因为纯棉内衣一旦因运动吸汗后则很难彻底干爽，此时无论是透气性还是穿着感受都非常差，会影响运动者的运动体验，因此，进行户外运动要选择专业的排汗内衣。

（2）保暖衣

在户外运动中，保暖永远是第一位的。因为户外天气多变，而爬山涉水又会增加温差范围，因此保暖衣的选择也非常重要。在日常生活中，羊毛衫、棉衣、羽绒服是最常用的保暖服装，但是这些衣服用于户外穿着却需要谨慎选择。纯羽绒服服装透气性较差，运动时穿着不易于排汗，而且一旦被雨淋湿或者被河水打湿，不仅增加了重量而且不容易脱水干燥。因此，户外运动的羽绒服在设计的时候，通过剪裁方式或者与其他材质的结合，从而增强其透气性和防水性。另外，羊毛羊绒衫也是日常主要的保暖性服装，在进行爬山、徒步等运动强度不大的户外运动时，一件既轻便又保暖的羊绒衫是很好的选择，但如果进行探险或滑雪类运动时，由于身体出汗量大，那么应该首选具有保暖和速干功能的抓绒衣。抓绒衣有不输羊毛衫、羊绒衫的保暖性，同时，还具有更佳的排汗功能，一旦弄湿也较容易脱水，也不怕拉扯，脱下后随意系在腰间或者放在包里都可以。即使在徒步时被树枝挂住也不易拉破。由于抓绒材质非常结实，好打理，在必要时还可以放在地上当临时的毯子使用。因此，抓绒衣是现代户外运动的必备之选。

（3）冲锋衣

进行户外体育运动时，选择外衣的重要参考指标是外衣的防风、防雨性能,同时还要具备一定的透气性,这就是大多数冲锋衣的功能所在。冲锋衣的表面经过特殊处理具有很好的防风防雨效果,雨水滴落在身上可以迅速结成水珠而滚落,遇强风也有非常好的防风作用。选择冲锋衣的另一关键是颜色。在户外运动时,选择外衣不仅要考虑其功能,还要选择更符合该项运动特性的颜色。此时的颜色选择不仅仅是个人兴趣偏好的问题,还涉及安全的需求。一般而言,户外运动的外衣都更多选择较为鲜艳明亮的颜色,因为鲜艳的颜色具有较高的辨识度,万一走失有助于队友寻找。再有,冲锋衣一般尽量选择较宽松、长度盖过臀部的尺码。因为宽松的外衣利于身体充分活动,比如在进行攀爬跳跃时,如果外衣的尺码过小,运动则受到限制,也会带来运动安全的问题。

(4)裤子

相对于上衣,对裤子的功能要求较为简单。除了防风、防雨、透气和轻便之外,户外运动的裤子要穿着舒适、耐磨、耐脏,具有一定的弹性最好。而且,相对于上身而言,对裤子的保暖性没有那么高的要求,因为,人体的上半身要保证心脏、肺部等主要器官和重要的循环代谢系统的正常运作,所以上衣一定要具有较高的保暖性,而腿部的肌肉、骨骼对保暖性的要求相对低一些。因此,保暖重在上半身,下半身更重要的是耐磨损、轻便以及具有一定的弹性。总之,裤子宜大不宜小,尤其是臀部和裆部不能太紧,一定要尺寸合身。根据户外运动的不同类型,常见的有骑行裤、沙漠裤、山地裤等。冲锋裤以耐磨防水为首选,完全不透气也能接受,因为腿部相对于躯干较少出汗。但是尽管如此,人们还是愿意选择具有一定透气性、速干性的裤子,否则就要牺牲一定的穿着舒适度,从而影响整体的运动体验。

(5)雨衣

雨衣也是户外运动的常备服装。因为在户外,一旦遇到降雨并打湿衣物的话,会给运动者带来严重的安全隐患。因为身体淋湿就意味着体温的迅速降低,若不能及时保暖和更换干爽的衣服,人很可能会着凉感冒,那么对于后面的运动将带来极大的负担。一般常见的户外雨衣分为单件式和两件式。

单件式可以很好地起到防雨的作用,但是如果需要在雨中行进或者进行其他的任务,那么两件式则更为方便。

2. 鞋、袜、垫

（1）鞋

户外运动鞋的重要性无需多言，近些年来，它甚至已经走进人们的日常生活中。无论哪种户外运动中，都是建立在脚部的运动基础之上的，因此，一双功能良好的运动鞋能够起到为运动过程保驾护航的作用。比如，一双登山鞋不仅能应对山路不平、湿滑的特点，还能保护登山者的小腿肌肉以及膝关节、踝关节的正常稳定工作。而如果穿着普通的运动鞋爬山，很容易造成肌肉痉挛或者关节挫伤的情况。一些腿部的慢性伤病就是由于长期穿着不适宜的鞋引起的。

例如，一双功能良好的登山鞋应该有耐磨、防滑、坚硬的鞋底，一般鞋帮也具有一定的高度，可以起到保护和支撑踝关节的作用。另外，较高的鞋帮也能在一定的程度上防止雨雪、沙土等异物灌入鞋内，从而保证登山运动的正常进行。另外，在鞋跟和鞋尖的部位要有加强设计，以应对复杂的地形，鞋面要有一定的防水性，除了要选择具有防水性能的材料之外，在鞋面设计上还要注意接缝越少越好。另外，鞋带也应该选择防滑材质的面料。因为户外运动中脚部的活动量和用力程度都要比平时走路要大，如果鞋带不结实经常散开，也会严重影响运动过程，甚至在不经意间绊倒运动者，造成安全隐患。鞋是户外活动最重要的物品之一，一双功能强大且合脚的鞋是必不可少的。

另外，有经验的户外运动者常常会多准备一双鞋放在背包里，每隔几个小时或者隔天就轮换一次，这样对于脚有更好的保护作用，对于鞋也要更好地保养。

（2）袜子

在日常生活中，人们喜欢穿棉质或者羊毛的袜子，因为不仅穿着舒适而且还有一定的保暖性。但是，在进行户外运动时，无论是纯棉还是羊毛都不是人们的首选。尽管它们的保暖性能强大，但是其拉扯性、排汗性却都不能适应户外运动中的高强度要求。而10%的化纤制品却能够很好地达到这些要求。它们既穿着舒适，又有强大的功能，因此在进行户外运动时应多准备两双运动袜子。袜子毕竟是很轻便的小件装备，不会带来什么负担，一旦感到出汗多而且不舒服就可以随时拿一双新的换上。选择袜子时还要注意尺码一定合适，如果太紧会影响血液循环，双脚容易感到疲劳；如果袜子大，又会在鞋内产生堆叠，容易磨脚和起水泡。另外,袜子口的松紧程度也是选择袜子的因素之一,太松容易脱落,太紧不舒服。再有是袜腰的高度,应该选择袜腰在20厘米左右的运动袜。这是因为,如果进行山林地区的户外体育运动时,可以把裤脚塞进袜腰里,以防虫咬、露水和低矮的树枝划伤脚腕。

(3)鞋垫

鞋垫可以起到缓冲和调节大小的作用,但是现在的制作工艺精良,在日常生活中已经很少用到鞋垫,然而在户外运动中,鞋垫的作用不容忽视。由于户外运动量大,脚很容易出汗,此时就是鞋垫发挥作用的重要时机。但是鞋垫太薄吸汗功能就会较差,太软又容易变形,甚至会从鞋底往外"跑",导致运动者不停地要停下来整理鞋垫,既影响运动体验,又浪费时间。因此,应该选择软硬适度吸汗性强的鞋垫,而且要求其自身有一定的厚度但分量较轻,因为在运动中保证脚下的轻便是非常重要的一点。和袜子一样,如果是长途户外运动,运动者需要多备两双鞋垫放在包里,当脚下因出汗过多而感到不适时,可以换新的袜子和鞋垫。只换袜子不换鞋垫同样达不到很好的清爽效果。并且,这样做对运动鞋也能起到一定的保护作用。

3. 头、手、颈部用品

(1)头套和帽子

头部是人体散热的主要部位,因此保暖要从头部做起。头套和帽子可以很好地起到保暖御寒的作用,另外,还具有防晒、防止冻伤以及减震和保护头部的作用。根据使用环境的不同,有些帽子要求具有良好的透气性、遮阳性和防水性,在海拔高、日照强的地区,一顶遮阳帽可以避免运动者中暑和晒伤,是登山运动的必备品。

(2)护目镜

护目镜的类型众多,一般包括防风沙镜、防电弧镜、防偏振光镜、防紫外线镜等。有很多护目镜是多种功能的结合,具有多方面的防护功能,如最为常见的是将防风沙镜和防紫外线镜结合起来的综合性护目镜。穿越沙漠时,一定要戴上防风沙镜;雪地活动时,一定要戴上防紫外线镜。

(3)手套

手套也是户外运动的常备装备。不同的户外运动都有相应的功能性手套。比如登山手套、骑行手套、跑步手套、滑雪手套等。从材质上分类的话,常见的手套有化纤、抓绒、羽绒等。一方面,手套是为了起到给手部保暖的作用,与此同时,它还具有防滑、防磨的作用。然而带上手套还要注意不能太影响手部正常地开展活动。因此,在冬季选择手套时应注意既要防寒保暖,同时还要保证手部的灵活运动。夏季进行户外体育运动时有时会带半截手指的手套,起到防磨的作用。

(二)宿营用品

进行户外运动经常要涉及户外过夜的问题,因此要准备宿营用品。

1. 睡袋

睡袋是最常见的宿营装备,人可以钻进一个袋子型的被套里休息,替代了日常的被褥。一般,睡袋的一侧有一个带拉链的入口,人钻进去后拉好拉链,仅在头部留一个通气的通道,看上去就像婴儿的襁褓一样。形状简单的睡袋却功能强大,它同时具有防水、防潮、防风、保暖等多种用途。一个睡袋几乎满足了运动者在户外过夜的所有需要。但是对于不同的地区,还会有更细致的分类,比如普通睡袋和适合高寒和高海拔地区的抗寒睡袋等。

如果对睡袋进行分类的话,则可以分为信封式睡袋和木乃伊式睡袋两种。信封式睡袋较为常见,可以打开当被子用,但是其保暖性相对一般,价格也相对便宜。木乃伊式又被称为人体式睡袋,睡袋有头套,上大下小,和人体的形状基本一致,睡袋的侧面装有拉链,便于出入。这种睡袋由于拉链部位少,因此保暖性能更好,从头到脚都有完美的保护。专业睡袋一般都采用木乃伊式设计。

和户外服装一样,睡袋也要具备相应的防风、防寒、防水的功能,同时还要有轻便、易携带的特点。在选购睡袋时,首先要明确使用范围,根据当地的天气情况和温度进行选择,使用后,睡袋注意清洁、晾晒,避免细菌滋生或发生霉变。

2. 帐篷

帐篷是户外体育运动的重要装备,它几乎承担了户外运动者临时的家的角色。可以在夜间为运动者挡风遮雨,提供相对安全舒适的睡眠环境。户外帐篷有很多种,依形状可分为"人"字形帐篷、蒙古包帐篷、六角形帐篷、拱形帐篷、屋形帐篷等;依用途可分为高山帐篷、低山帐篷、旅游帐篷、军用帐篷等；依材质可分为帆布帐篷、尼龙帐篷、防水棉布帐篷、合成纤维（树脂）帐篷等；依支架的材质又可分为金属杆帐篷、尼龙杆帐篷、玻璃钢杆帐篷、铝合金帐篷等；从帐篷的结构来分还可分为单层、双层、复合层等；根据帐篷适用的季节又可分为冬季帐篷、夏季帐篷、四季通用帐篷等。由于帐篷的种类繁多，因此在选用时要掌握一定的知识和技能，选择适合自己需要的帐篷，主要应注意的有以下几点。

（1）首先最重要的是根据露营地区的天气情况进行选择。比如当季的天气情况，最近20年的平均昼夜温度是多少，降水情况。比如，如果该地区降水较多，则要配备防水性能高的帐篷；如果在山地扎营，则应该准备高山帐篷。

（2）其次是选择与环境形成反差的颜色。在选择户外用品时，颜色可不是为了彰显个性，或者满足自己的色彩偏好，在户外运动中，一切都要为安全和功能让路。帐篷的颜色一般会根据环境的主色而选择有反差的颜色，比如在山林中宿营可以选择橙色或者红色，方便自己和其他人识别。

（3）再次是要考虑帐篷的便捷性和使用空间的大小。在户外生活，帐篷就是临时的居所，因此，它的内部空间非常重要，除了夜间可以睡觉之外，如果遇到大风或者暴雨这样的恶劣天气，人们也要在帐篷中吃饭、休息或者开会等等，因此，必须要考虑到它的使用空间的问题。同时，因为需要随身携带，如果帐篷太大又会增加运动负担，因此要在便携和使用两者之间找到最佳的平衡点。

（4）选择了适合的帐篷之后，还要懂得如何保养帐篷，这样才能长期地使用。首先是防火问题，除了不能在帐篷内生火以外，也不能在靠近帐篷的位置点火，生火做饭时必须看好风向，并做好应急准备，以防意外情况发生时引火烧毁了帐篷；另外就是避免一切尖锐物划蹭帐篷。结束户外运动后，要给帐篷做彻底的清洁养护，并晾干，平时存放在干爽的地方，防止霉变。

3. 防潮垫

防潮垫是户外宿营时起到防潮隔凉作用的户外体育用品。现在市场上常见的防潮垫一般分为两种：天然或化工材料的防潮垫，以及可以充气的防潮垫。它们的共同点是重量都较轻，易于携带。冰冷的地面不仅会快速降低人的体温,还会令关节和肌肉受到伤害,试想经过一天的劳累运动,肌肉和关节都十分疲劳,需要在相对温暖的环境下进行修复,如果晚上要睡在冰冷潮湿的地上,那么对人体健康危害极大。因此,准备一款合适的防潮垫非常必要。

二、必要的身心准备活动

(一)身体准备

1. 身体健康检查与测试

在进行较为剧烈的运动项目之前,尤其是那些长期没有运动基础的人,必须要做身体健康状况检查。具体而言,身体健康检查和测试主要包括以下几点。

(1)身体健康检查

主要包括以下四个方面。

第一,心率。以食指和中指压按在颈动脉或腕动脉上数脉搏,测出1分钟内的脉搏数。以 72 ~ 80 之间为最佳,适合进行较为激烈的运动。

第二,血压。利用专业的血压计测量血压值。血压在 120/80 之间为适合运动,超过该血压则不适合。

第三,脂肪。以拇指和食指横向掐起腰部的肌肉,测量出两指间皮肉的宽度,以 2.5 厘米为基点,每超过 0.5 厘米即表明超重 4.5 千克。超过 2.5 厘米的均不适合做较激烈的运动。

第四,运动后心率。(适合于 15 ~ 40 岁人群)以轻快的步伐和平稳的速度上下登踏 40 厘米高的长凳 5 分钟,然后坐下量出 30 秒的颈动脉脉搏数。如果在 40 ~ 60 之间则表明适合进行较激烈的运动,超过则不适合。

(2)运动能力测试

测试项目包括:俯卧撑、仰卧起坐、引体向上、蹲跳 1 分钟和 2.5 千米跑。通过这些项目的测试能够很好地反映出人的基本运动能力情况(如表 4-1 所示)。

表4-1 身体状况测试指标表

项目水平	俯卧撑	仰卧起坐	引体向上	蹲跳	2.5千米跑
高	41~50	41~50	31~40	11~15	9分钟以下
中	31~40	31~40	21—30	6~10	9~10分钟
低	0~30	0~30	0~20	0~5	10分钟以上

2.体能储备与训练

（1）跑步

跑步是进行身体锻炼的重要准备活动，首先，在跑步的过程中可以全身地进行协调运动。通过调节跑步的速度和距离，可以锻炼速度、耐力、爆发力等身体素质。跑步是一种基础的锻炼形式，很多运动者都通过跑步来增强自身的体能状况。

在进行跑步运动时需要注意，运动训练既不能过度也不能训练不足。在运动过程中可通过逐渐增加运动量的方法来进行训练，使得体能状况稳步提升。如果训练量增加过快，有可能损害健康，反而降低训练效果。不同速度的跑步训练起到不同的效果。一般而言，快跑对身体状况的全面改善要大于慢跑两倍距离带来的好处。一般会设计不同跑步间隔进行，通过几个阶段完成，这样既增加的训练的乐趣，同时也能兼顾速度、耐力和爆发力的多方面素质的训练。

（2）负重训练

①自然站立双腿与肩宽，双手握哑铃，侧手臂向上抬起与肩平，然后放松与地面垂直。根据自身的握力和比例选择合适的哑铃，每组15个，做3组练习，每组之间间隔30秒的休息时间。

②两手握哑铃于体侧，上身前屈，背部保持平直。双手持哑铃同时侧平举，直至与地面平行，然后放松。

③杠铃抓举训练。握杠铃后站立，手臂伸直，背部挺直，缓慢将杠铃放回地面。选择合适重量，每组10个，做3组。通过这一训练能够很好地加强背部肌肉和股四头肌的力量。

④仰卧推举训练。仰卧，肩膀位于杠铃下方，背部保持平直，向上推举杠铃直至手臂伸直。选择同样重量的杠铃，每组10个，做3组。

负重训练能够有效增强肌肉力量和肌肉耐力。但是训练中要注意选择适合自己的负重，循序渐进地进行，要想达到明显的效果，要保持一定的训练强度和频率，还要结合营养和休息，进行科学训练。

3. 热身运动

在进行健康检测和运动能力检测之后，就对自身的基本素质有了较为全面、客观的了解。在此基础之上，就可以选择和进行合理的运动项目了。但是无论做什么运动，都必须先进行热身运动。通过热身，可以有效提高肌肉和关节的灵活性，促进血液循环状况，使人开始适应接下来的运动。

最基本的热身是伸展运动，但是每个部位的伸展有不同的要求，具体的方法如下。

（1）小腿拉伸练习。距离墙面1米自然站立，身体前倾，双手掌抵墙，两臂垂直于墙。一侧腿弯曲膝盖，另一侧腿直立，注意脚底不离开地面。然后弯曲肘部身体向前倾斜，感觉直立的小腿肌肉被拉伸。保持30秒换另一条腿，反复进行3组。

（2）小腿拉伸练习。自然站立，选择一个10厘米高的台阶，脚跟着地，脚尖翘在台阶上。同时身体略前倾，体会小腿被拉伸的感觉，保持30秒，休息，然后重复3组。

（3）髂胫骨伸展练习。一侧手扶墙直立，将一侧脚绕在另一侧脚后。左手掌抵墙支撑身体。右侧膝盖和右侧肘伸直，臀部向墙面倾斜，应该感觉到沿左侧大腿有拉伸感。换另一侧腿重复动作。

（4）胫骨伸展练习。屈膝下跪，然后慢慢尝试下蹲，直到坐在脚跟上。脚踝相互靠紧并下降，可以感到胫骨得到伸展。

（5）腹股沟伸展练习。坐在瑜伽垫上，双脚底相对。双手按压膝盖，同时背部保持挺直，用腿部肌肉使膝盖向外朝地面展开，此时会感觉腹股沟得到拉伸。用双手将双脚拉近身体，距离身体越近拉伸感越明显。

（6）臀部伸展练习。平躺于瑜伽垫上，左腿伸直，右腿向髋部弯曲。将右脚跟转向左髋，用左手抓住右脚踝，右手抓住右膝盖。向肩部方向拉伸右腿，直到感觉右侧臀部得到伸展。重复动作，两侧交替练习。

（7）拉伸大腿肌肉。借助与腰齐高的单杠或者高台，一腿站直，一腿撑在单杠上，保持背部挺直的前提下，慢慢前倾去靠近抬起的那条腿。感到大腿拉伸后慢慢加力，保持30秒，然后换一条腿练习。两条腿交替练习，重复5次。

（8）上肢拉伸练习。背对墙站立，向后抬起双臂，与肩同高直臂扶墙，手指伸展努力拉伸，呼气，屈膝降低肩部高度。

（9）在做好全身的拉伸运动之后，最后再慢跑0.5公里，一个完整的热身运动就完成了。

（二）心理准备

在正式的运动之前，心理和身体都需要做好一定的准备活动，才能在运动训练中达到最好的效果。心理准备具体分为如下几个方面。

1. 安全意识要加强

运动中难免会出现运动损伤，但是在运动前做好心理准备会起到很好的防范作用。心理准备就是在运动前，要对运动特性和难点做一遍温习，能起到重要的提醒作用。尤其是一些户外运动，仅仅身体的准备活动是不够的，必须要对该项运动潜在的风险具有清晰、明确的认识。

2. 正确认识各种困难

面对不同程度的困难时，人们在心理会产生相应的各种变化，导致对客观事实的认识出现一些偏差，当这种偏差较大时，会带来一系列的问题，也会影响运动效果和运动安全。在准备活动中，应该充分地、正确地认识困难，要尽力避免认知偏差带来的不良后果。首先要对运动性质有一个客观的认识，对于一些较危险的运动项目尤其应该引起心理上的重视。对动作的难度级别、核心动作的要领、注意事项等等都应该做到心中有数。这些都是运动前的必要准备工作。我们首先必须要能清醒地认识到自己的头脑中仍然存在的各种错误想法，这样才能够采取相应的措施来进行纠正。

3. 树立信心

在运动的过程中，运动者对自己持有多大的信心会直接影响运动的效果。比如，在信心十足的时候人的精神和心理都处于高度兴奋、投入的状态，表现为全心全意、充满激情；而如果信心不足，带着一些自我怀疑进行运动的话，运动者则不敢全力以赴，表现效果自然欠佳。因此，比运动者的运动水平更重要的是信心状态，对于大众休闲运动健身而言，更重要的是过程而非结果。并不是只有高水平的人才可以运动，对于普通人来讲,无论自己的真实水平如何,都可以享受运动的快乐,以及运动带来的健康效果。因此,要立足当下全力以赴,以信心十足的心态参加运动才能获得最佳的运动体验和运动效果。

三、必要的整理活动

整理活动是运动的重要组成部分,但是却常常被忽略。尤其对于有休闲健身需要的广大运动爱好者而言,由于没有专业的教练进行指导,对于整理活动往往会草率了事,长期下去会对健康带来隐患。在健康中国的视域下,全民健身的热潮让每个普通人都燃起了健身运动热情,此时,更应该强调整理活动的重要性。

在参加完运动锻炼后,不应立刻停止,因为身体各种技能和系统还处于高度兴奋状态,尤其是能量代谢系统,此时应该降低运动强度和频率,做一些整理活动,目的是让身体的各个组织和器官逐渐恢复到常规状态,这样才能促进运动机体的有效恢复,同时还能有效地防止运动损伤。而如果运动后突然进入静息状态,会引起身体的各种不适,常见的整理活动方式主要有散步、放松体操、自我按摩等。一般情况下,时间最好不要低于5分钟。通过整理活动能有效地保护运动者的运动安全,帮助运动者进行更积极地恢复,也避免了一些运动损伤的发生。

从运动前的器械和着装准备、进行准备活动、正式运动到整理活动,这样才算完成一套完整的运动项目。健康中国是一个长期的战略计划,它要求我国人民能够逐渐掌握科学的健身运动方法,只有这样,才能实现全民达到基本的健康身体状态的目标,进而做到保持终身运动的健康生活方式。

第二节 体育健身的科学原则

一、因人而异原则

在开展健康中国建设的过程中,对于体育健身的推广需要重视健身的科学原则的普及和推广。每个年龄段都具有一些生理上的状态特征,而同一年龄段的人们又因为素质基础和参加锻炼情况的不同而不同。因此,要根据不同年龄阶段的身心特点,科学地选择锻炼项目和锻炼方法,并根据身体的不同条件而安排合理的运动负荷。

例如,少年儿童身体处在生长发育阶段,其心血管系统还没有完全发育成熟,其身体各方面的耐力与成年人相比也还有相当差距。因此,在鼓励少年儿童进行体育运动的时候,要对活动的最大强度、激烈程度进行严格控制。而且运动时间也不要过长,可以分为几个阶段进行,在每个阶段之间,给予足够的休息时间。针对少年儿童的身体特点,应选择更具灵活性、协调性和趣味性的运动项目,如游泳、篮球、乒乓球、羽毛球、足球、排球等球类运动。对于老年时期的健身者而言,由于其身体组织和细胞逐渐开始老化,因此在选择运动项目时应主要考虑那些动作较为平缓的运动。对于老年人最重要的是保持而不是增长,用运动抵抗衰老就是他们运动的最大成功,因此不必过分追求运动强度、时间和频率,也不要超过自身现有的承受能力,否则也许会起到事与愿违的结果。同一年龄段的老年人可能健康情况差异非常大,因此因人而异的原则对于老年健身者尤其重要。选择适合自己身体情况的运动内容和运动强度是前提,在健身初期运动量也不宜过大,以调动全身各个肌群和关节的运动为基本目标。经过一段小运动量健身后,老年人的身体活力被激活。待身体逐渐适应了该运动的强度和形式之后,可适当增加运动量。增加运动量后,若身体感觉不佳,应及时调整,立即减少运动强度和运动时间。一切以自身的感受为准,安全是老年人体育健身的核心。比较适合老年人的运动有散步、慢跑、打太极拳、游泳、健身舞、交谊舞等等。另外,应鼓励老年人几个人结伴共同运动,而尽量减少单独运动的比例。一方面,结伴运动可以相互陪伴和鼓励,增加运动中的乐趣;另一方面,结伴而行对于老年人来讲也可以起到一定的安全防护的作用,一旦有人出现状况或者发生运动损伤,可以及时得到救助。

而对于正处于青壮年的运动者,他们是全民健身的主力军,也是社会建设的中流砥柱。因此,青壮年人群加强体育健身不仅关乎身体健康,也是为社会建设做出努力。因人而异原则同样适用于青壮年的健身者,根据自身的身体素质、兴趣爱好和客观条件,选择最适合自己的运动项目和运动时间。

二、循序渐进原则

体育健身的第二个原则是循序渐进原则,无论是对于运动项目、方法的选择,还是对技术难度和运动负荷的提升,都要遵循着遵循序渐进原则,即由小到大、由浅入深、由易到难、由单一到多元、由部分到整体的顺序进行。循序指遵循科学、客观的规律,以发展的眼光看待运动技能的提升规律,按照经过验证的体育知识、运动学知识以及生物学知识指导自己,以一定的内在联系安排练习次序。渐进是指平稳、持续地进行提高,无论是运动技能,还是运动难度,都必须遵循由易到难的基本规律而进行的。这一规律适用于各个年龄段的体育健身者。

学习新技能或者新知识一般都有一个普遍的规律,即遵照泛化、分化到自动化的形成规律来提高运动技能。此外还要经历刺激、适应、再刺激、再适应的连续过程才能增强身体机能和身体素质。因此,循序渐进、逐步提高是一项重要健身原则。

三、持之以恒原则

大众体育健身贵在坚持。持之以恒是指健身者在较长的一段时期内,以相对稳定的节奏和频率进行体育运动。持之以恒是体育健身的重要原则,是保证运动效果的基本条件,普通群众可以通过持之以恒的锻炼,达到提高身体素质、提升运动技能的目的。

连续、经常、不间断地从事体育健身锻炼,可以很好地锻炼人们的身体形态,对身体机能、生理生化等方面都会带来积极的影响,这是不断积累的过程。持之以恒的另一个好处,是可以让日积月累的锻炼效果真正地产生积累的效果。如果健身活动断断续续,三天打鱼两天晒网,那么很难有好的效果。即时短期得到一些改善,但是在身体健康促进方面的提升也不会持续很长时间。比如刚刚形成一些锻炼效果的时候,中途又长时间地不运动,那么会导致身体机能衰退到原有的水平,甚至比原有水平更差。因此,持之以恒是普通大众参加体育锻炼时需要特别注意的原则。

持续训练是最符合终身运动精神的训练方法,它需要运动者对体育运动具有稳定的热情,能长期拿出精力和时间进行体育训练。长期锻炼可以给身体带来持续的改善和提高，可以让运动者从中得到持续的满足，从而对他们的精神状态和心理状态也产生积极影响。因此可以说，持续训练可以从身心两方面给运动者带来正面的影响。

四、全面锻炼原则

体育健身的另一个原则是全面锻炼，这是基于身体的生物特性决定的。机体运动能力的提高往往是整体协调作用的结果，不可能只发展某一部分的能力，并且得到显著的提高。也就是说，不能在一部分运动技能很弱的情况下，一部分保持稳定提高。因此，在开始体育健身之初，就要遵循全面锻炼的原则，制定全面锻炼的计划。人体是一个完整的有机体，各部位、各器官组织是相互联系、相互制约的，只有全面地进行锻炼，才能使身体形态、机能素质得到全面而均衡的提高。生物科学中关于"用进废退"的原则在身体锻炼中有比较明显的显现，比如经常锻炼的部位、器官和系统，或者技能就会得到发展，但是若想得到根本的、全面的、协调的发展，必须进行全面锻炼，这也是最符合普通群众的科学锻炼方式。因为普通人参加体育运动的主要目的是健体强身，而不是在某个单项能力上获得骄人的成绩。因此，也没有必要仅仅发展某项单一能力，而不管其他方面的发展，这与锻炼身体获得全面健康的初衷也并不吻合。

因此，在体育健身中首先要合理搭配锻炼内容，尽量让身体得到全面的锻炼和发展。比如有氧运动与无氧运动交替进行，力量训练与耐力训练相结合，有针对主要核心肌群和其他小肌群的不同的运动项目。同时，由于各种运动项目对人体的训练效果有所区别，因此，还可以锻炼某一机能的时候穿插不同的运动项目来协调，以期得到更好的效果。而且，选择和更换不同的运动项目，还可以提高运动的新鲜感和趣味性，使健身者更能够体会到更多的健身乐趣。总之，若要得到全面的锻炼效果，需要结合科学的体育锻炼方法，多了解一些运动的特性，这样就可以自己进行协调。比如，某项目如果只能发展某一方面的运动素质，那么就选择一些其他项目来补充，最终达到身体均衡全面发展的目的。因此，在健康中国的大环境下，大面积普及和推广体育健身知识和方法是重点工作。

第三节　体育健身的科学方法

一、持续训练法

持续训练法是指在一段时间内持续不断地进行训练的方法,同时要保证训练较为稳定,强度适中。在具体的运用中,持续训练法对提高耐力具有明显效果,以下是持续训练法需要注意的几个方面。

(1)持续训练的时间较长,运动量较大,但运动负荷适中。一般情况下,心率控制在 130 ~ 160 次/分之间,用于发展一般耐力。若要提高专项耐力,则可以通过提高负荷强度来实现。

(2)要保持训练效果的稳定,需要在休整期进行中小强度的持续训练。

二、间歇训练法

间歇训练法是指严格按照科学的方法对训练和休息进行控制,在进行一定强度和时间的训练后,进行休息,在还未完全休息的情况下开始下一次训练,并重复这一过程。间歇训练法能有效地提高呼吸系统和心血管系统的机能。间歇训练法是一种相对专业的训练方法,需要依据严格的时间和强度控制才能得到理想效果,比较适合有一定的体育训练基础,或者长期进行体育训练的运动者。

间歇训练法一般分为慢速间歇训练法和快速间歇训练法。

(1)慢速间歇训练法。练习强度控制在 30% ~ 50% 之间,可用于发展有氧耐力和局部肌肉耐力。

(2)快速间歇训练法。练习强度控制在 50% ~ 80% 之间,多用于 100 米至 400 米的重复跑,主要发展无氧耐力、速度力量和速度耐力。

三、重复训练法

重复训练法是指在不变的动作结构和运动负荷下,反复地进行练习,主要目的是形成条件反射,从而使运动技术形成牢固定型的训练方法。重复训练是对某一重要技术的加强练习,可以使该技术形成强有力的结构性,还可以起到支撑其他技术的功能。重复训练法也常常用于发展运动者的身体素质和某些基本运动能力,具有积极的作用。

与间歇训练法最大的不同在于,重复训练法强调的是重复和不变,两次练习之间的间歇时间没有严格规定。而间歇训练法对休息时间的把握属于训练的重要组成部分。而且,间歇训练法每次的训练内容也并不是完全一致的,它会根据训练要求和目的而做调整。运用重复训练法进行训练一般需要注意以下几点。

（1）要以科学的训练方法为基础,要严格完成要求的重复次数,对负荷强度不做过高要求。

（2）每次训练中要保证技术动作的正确性和完整性。

（3）应采取简单有效的训练手段,太复杂的训练方法会对重复进行训练增加难度。待熟悉掌握后,可以再选择难度较大的训练法加以巩固。

（4）由于重复训练法相对较为平淡枯燥,因此在训练中可以结合一些游戏进行,或者两人或多人以比赛的形式进行,从而保持训练兴趣,提高训练效果。

四、变换训练法

变换训练法是指为达到同一个训练目标,而先后采用不同的训练方法进行训练的方法。变换训练法的本质就是,通过不同强度、质量、数量和时间的互相刺激,从而实现强弱交换的训练刺激,以此获得近似于复杂比赛环境的氛围,从而训练应变能力和心理素质。变化训练法也是训练战术能力的有效方法。

在健康中国的大环境下,社会各个领域都表现出积极的热情,也因此产生形式多样的体育比赛活动。通过变换训练法,可以很好地帮助非职业运动员去体会比赛的设置、环境和氛围。在这一过程中,不仅使运动技能得到提高,还能体会到比赛的激烈竞争程度,获得体育运动特有的刺激和激情。

五、循环训练法

循环训练法是指根据训练的具体目标,建立若干个练习内容,运动者按照既定的顺序或者路线,依次完成每项训练内容的一种练习方法。通过周而复始地进行训练,可以起到全面提高身体素质的目的。同时,循环训练法因为是不同训练内容的交替进行,因此也增加了训练的趣味性,不容易感到枯燥。在采用循环训练法的时候,需要注意以下几点。

(1)根据训练的目标确定训练内容和数量。训练的内容应该在已经掌握的内容上增加新的内容,使训练重点突出。不能全部是熟悉和已经掌握的内容,也不能完全是新的、难度较大的内容,应该难易结合。

(2)训练负荷要因人而异。即练习的数量、强度、间歇时间和循环次数等要综合考虑。完成一个过程的时间控制在5~20分钟,每个单项内容之间间歇一般为15~20秒。

(3)循环练习可以通过设计组合的方式,形成多种不同的形式进行训练。每个训练内容可以适度增加难度或者负荷,或者变化不同内容的顺序,从而增加训练的新鲜感,这是非常有助于提高运动者练习热情和积极性的方式。

(4)通过比赛的形式进行训练。循环练习也适合运动者结伴进行训练,大家可以通过比赛的形式完成训练,大大地提高训练的效果。通过流水式、轮换式、分配式等,彼此展开竞赛,由于每个人在各个单项内容上的能力不同,通过不同方式的较量,会使训练更加轻松有趣。

第四节 体育健身计划的制定与实施

一、体育健身计划的制定

(一)健身计划的类型

健身训练是一个漫长而复杂的活动。对于非职业运动员而言,健身计划的类型一般可按时间分为长期计划、中期计划和短期计划;或者按照体能目标分为减脂、塑形、耐力、力量等;也可以按照运动项目分类,比如对水上运动感兴趣的人,可以根据自身的兴趣爱好进行蛙泳、自由泳、潜水等项目的学习和训练。但是无论哪种类型,都要遵循前面提到的几种训练原则进行,从简单到复杂地开展。

1. 按时间分类

几乎所有的计划都要包含时间因素,健身计划也不例外。学习一种知识,或者习得某种技能都需要花费一定的时间成本。根据事物发展的客观规律,只要把握好每一个单位的时间变量,通过积累和裂变最终获得较为满意的结果。在健康中国的时代背景下,全民体育健身成为我国社会生活的基本内容。因此,每个人都可以制定一个长期的健身计划。

比如,对于那些对某项运动情有独钟的体育爱好者来说,可以根据自身的身体条件和兴趣方向,制定一年 5 公里长跑计划,三年参加半马、五年完成全马的跑步计划。喜欢篮球运动的人也可以分阶段制定参加区级比赛、市级比赛和省级比赛的目标。

而对于希望通过体育运动保持健康的身体指标的运动者,同样要根据自身的现实条件来制定计划。比如先用 6 个月实现减脂 15% 的目标,再用 8 个月实现增肌塑形的目标。

再有一些希望学习新技能的人,可以制定 3 个月可以熟练掌握蛙泳,再用 3 个月熟练掌握自由泳,最终实现在一年内学会四种泳姿等等。

需要注意的是,在制定这一类以时间为参照的健身计划时,在有了明确的目标后,通过调研确定所需要的周期,然后要把计划分解为更详细的小周期计划。比如,在确定了年度计划后,接下来要细化每月的运动计划、每周的运动计划、每次的运动量、运动时间等等。

2. 按项目分类

对于一些体育运动发烧友来说,他们对运动健身会有更高的标准和要求。比如游泳爱好者,他追求的不仅仅是基本掌握一项泳姿,而是在现有的基础上不断提高水平。他们的健身计划一般会更为专业和详细。比如为了练习换气这一个目的,他们可能就会花费大量的训练,通过不同的训练方式不断地提高技能。接下来为了提高打水的效率而分别练习髋部、膝盖和踝关节的发力角度和时机,并找到全身的最佳协调用力的方式。

3.按运动素质分类

既然健身运动是一项长期的生活内容,而且全面提高身体素质才能实现效果的最大化,那么制定一份提高身体素质的计划,可能适合于各个年龄段的运动者。比如根据自身的强项和弱项,先后制定提高耐力训练计划、提高力量训练计划、提高灵敏和平衡的训练计划等,在此基础之上,还可以进一步制定针对不同肌群的专项训练计划。

总之,无论哪一类的健身计划,都应该与运动者所处的年龄段相适应。先打好基础,再提高技能,使每一个阶段有每个阶段任务,而不是盲目地追求更高、更快、更强。在每一个训练环节,都要以科学训练方法为依据,要有安全意识,要有风险防范措施。尽管业余体育训练不同于专业运动员训练的严格要求,但是也要认真完成训练准备、热身活动、整理活动等每个环节,这是保障体育健身活动能够长期健康开展的基本前提。

(二)健身计划的设计

1.健身计划的目的

(1)设计健身计划首先应该以运动者的健身目的为出发点,其次还要考虑健身者的客观条件。这是设计训练计划的主要依据。首先需要衡量目标是否具有可行性,是否符合客观规律,运动者是否具备实现目标的主观和客观条件等。比如生活、工作在我国南方地区的人如果要制定长期的滑雪训练计划,就有太多困难。而一个平时几乎不运动的人希望短期内获得骄人的成绩,显然也是不现实的。一个合理的健身计划,需要符合生物学、运动学以及基本的客观规律,并且好的健身计划是通过一段时间的持续训练可以获得的目标。

因此,设计健身计划的第一步是先明确健身目标,然后评估目标的合理性和可行性,根据需要再进行调整和修正。

(2)每个大的训练目标要分解为更小的阶段性目标和预期训练效果。每一种训练都是分阶段性进行的,每个阶段要有每个阶段的主要任务。通过把健身计划具体化,分解大目标为小目标,细化到每周或者每天要完成的训练任务,那么就很容易辨别计划的可操作性,从而增强计划的可执行性。只要目标适当,科学安排,坚持完成好每个小目标,那么实现大目标将只是时间的问题。

2. 选择训练内容和手段

确定不同的健身目的之后,就要选择合适的训练内容和手段。影响训练效果的最大因素就是训练内容、手段和负荷,这是健身运动中最大的可变性因素。内容选择得不合适,比如太难而无法坚持,将会直接伤害运动者的运动热情;如果手段太复杂或者太烦琐,也会阻碍运动者的行动;如果运动负荷太大,尽管坚持运动效果却不明显,运动者很快就会对健身失去信心。因此,选择难度恰当、方法简单、负荷适中的训练内容将非常重要。

另外需要注意的是,运动者要根据自身的具体条件选择训练方法。要首选那些不仅自己喜欢而且执行起来也十分方便的训练方法。在此基础之上,增加多样化和趣味性的内容。这是因为,普通群众的健身训练都属于健身休闲的范畴,它是调节生活情趣的重要内容,如果为了锻炼而锻炼,却毫无乐趣,那就失去了原有的意义。尽管如此,体育健身计划要做到"既严肃又活泼",活泼是指训练中可以穿插一些游戏和比赛的内容;严肃是指运动时间、运动负荷一定要按照科学方法执行,不能马马虎虎或者自行更改,高兴做多少就做多少,否则很难实现计划预期的效果。不在合理负荷区域就不能达到最佳训练效果,断断续续、不能持续进行训练也不能达到最佳训练效果。

3. 健身计划的奖赏环节

体育健身虽然有诸多益处,但是要长期保持下来却需要极大的毅力。并且,在健身过程中还会遇到大大小小的挑战。对于普通人而言,没有运动员那样的职业压力要坚持完成计划,确实需要得到更多的激励,否则在遇到困难时很容易半途而废。因此,一个优秀的健身计划,应该包含一些激励和奖励的内容,这样能帮助健身计划更顺利地进行。

有效的健身计划应该及时给予正向的反馈,并且将这些反馈做出标记以加强它们的激励作用。以跑步为例,假如一个人刚开始练习跑步的时候可能最多能跑一公里,然后就气喘吁吁地无法坚持下去,没关系,记住这个成绩,这就是起步的地方。然后根据这个基础,设计可行的训练计划和预期效果。比如,每周完成三次一公里跑,要求每次用时不能超过那个基础成绩。一个月之后挑战两公里，三个月之后挑战五公里，并且在每次取得突破的时候，都记录下成绩，并给自己一个小小的庆祝。这样做的好处是加深进步的印象。在潜意识里，能看到自己一直在进步，这会激励运动者投入更多的热情进行下面的训练。

4. 体能训练计划

体能训练是健身计划的基础组成。任何一种健身训练都离不开对体能的训练。良好的体能基础是实现训练的基本功。训练计划的制订过程也就是对训练的各个要素进行排序和整合的过程，而体能训练应该排在第一位。由于每个人的健身目标不同，基础身体条件不同，选择的健身项目也不同。因此，其体能训练关注的重点各不相同，内容比例和要求也千差万别。但是在计划的结构上都要遵循着一定的规律，比如确定适宜的训练频率、训练强度、训练量、训练手段、训练方法以及间歇时间。为了能够达到最佳的健身效果，在做计划的阶段就要做足功课。

5. 完整的健身计划

在明确了以上几个设计健身计划的核心内容之后，就可以制定完整的健身计划了。需要注意的是，我们所说的完整的健身计划并不是一次性将后面几年甚至几十年的健身都做好规划。那样既不现实，也没有意义。最好的健身计划应该是在可见、可控的一段时间周期内可以完成的。比如2个月的减脂计划，3个月的提升耐力或者力量的训练计划，6个月的有氧运动计划等。当完成一个阶段的健身训练之后，要总结前期的经验和教训，这也是重要的测评和反馈环节，进行调整后再详细设计下一阶段的体能计划。体能训练方案需要随着身体素质的提高而不断地进行完善，最终可以形成个人较为完整的体能训练计划。体能训练会贯穿健身计划的整个过程，因此非常重要。对体能的训练和塑造是一个动态的发展的过程，会随着时间的推移而有些许的调整。但是对于大多数的普通健身人群而言，体能的变化幅度一般都在一个可预见的范围之内波动。因此，最初摸索出来的体能训练计划，其框架和进程是相对稳定的，只要在运动强度和顺序上稍作修改，比如对一些具体的手段、负荷进行必要的调整，完全可以继续沿用。并且，实践表明，关于体能训练的计划不宜随意改变，否则会对体能训练的系统性造成不利影响。

二、体育健身计划的实施

(一)实施原则

在实施体能训练的过程中,要以事实为依据,从实际情况出发,采取循序渐进的方法进行,不应急于求成。如果实施过程太过激进,运动者对健身效果怀有过高的期待,最终往往会以失望告终。因为身体的发展变化是以非常缓慢的形式进行的,比如快速减脂或者快速增肌,都需要借助一些非正常手段,那么势必会对健康起到相反的作用。因此,在实施健身计划的过程中,要保持一个良好的心态,秉持着循序渐进、持之以恒的原则。要尊重科学,严格按照健身计划设置的内容进行,就会慢慢收获积极的改变,最终可能会得到意外的效果。

因此,在实施健身计划的过程中,一方面,要严格执行悉心制定的方案;另一方面,也要随时进行心理的自我调节,做好日常的心理建设,使身心都处于良好的状态才能收获最佳的训练效果。

(二)实施程序

尽管健身计划制定得非常严谨、科学,设置了严格的运动频率、运动量、运动负荷以及间歇时间,但是在实施的过程中,还要靠一定的实施程序来督促完成。在健身训练的过程中,一方面要专注于具体的训练内容,并努力完成;另一方面,要随时注意观察自己的心理状态,如果出现消极情绪,也要及时地处理。这样做的目的就是尽量保证每一次的训练都拿出运动者的最佳状态。

在健身计划的实施过程中,尤其要学会及时发现和解决问题,并做好记录,对每个阶段的训练成果要有数据记录,并及时做好反馈和总结。这种认知上的反思和总结,是保障训练效果的重要程序之一。设计一个明确的实施内容顺序、时间进度,采取切实可行的心理训练方法以及反馈机制,是保障健身训练的重要因素。

(三)实施效果评价

实施评价是指在健身训练进行一段时间之后进行的一次全方位的评价工作,包括对训练内容、训练频率等硬指标的完成情况进行打分;也包括对每次训练的完成效果进行打分;还包括对心理状况进行观察和测试等等。简单地说,实施效果的评价包含对实施过程的评价、对实施结果的评价、对训练计划的评价以及自己对健身训练的整体评价,从身体上、心理上以及健身对日常生活和工作带来的积极改变或者消极影响有哪些。一个全面的评价系统是促进健身实施的重要部分。

第五章
健康中国视域下人体五大体能素质的培养与提升

体能训练是一切体育运动的根本,也是体育健身的核心内容。我国推出健康中国战略,就是以提高全民的身体素质为工作重心。举国上下开展全民健身运动,从学校的体育教学改革,社区健身运动的普及到发动社会各界力量举行的各种规模的体育竞赛活动,都是为了培养和提升我国人民的运动热情、增强体能素质。本章将从更为专业的角度将人体五大体能素质的训练方法进行全面的讲解。它们分别是力量素质的培养与提升、速度素质的培养与提升、耐力素质的培养与提升、柔韧素质的培养与提升以及灵敏素质的培养与提升。

体育健身是一项涉及多学科的专业活动,要想得到满意的健身效果,需要具备一定的专业知识技能。并且,体育健身是一把双刃剑,如果在不懂科学训练方法的情况下错误开展训练,那么训练得越努力,效果反而越差,并且大概率还会给身体带来某种损伤。因此,本章把常见的五大体能训练原理和方法进行梳理,特别是对那些适合非体育专业人士的训练方法进行了总结和整理,希望能为广大的体育健身运动者提供一个有用又不枯燥的健身科普指南,为促进我国的健康中国战略贡献一份力量。

五

第一节　力量素质培养与提升

一、力量素质的含义与分类

（一）力量素质的含义

把力量看作单一的素质并不准确，力量应该是一种综合能力的体现。在竞技运动中，力量是几种素质的综合结果，并非是单一的素质。按传统的分类，力量可分为绝对力量、速度力量和力量耐力。其实从名字中可以体现出，速度力量和力量耐力是几种不同素质的综合结果。但是目前的相关理论中对力量的定义仍然是"人体或身体的某一部分克服阻力的能力"。这一定义较为笼统，对速度力量和力量耐力并不确切。

（二）力量素质的分类

1. 绝对力量

绝对力量是指人体或身体某一部分克服阻力的能力。绝对力量是重要的运动素质之一。在各类运动项目中，都离不开以绝对力量为基础进行训练和提高运动技能。力量是五大体能素质的基础，而绝对力量更是所有力量素质的根本。在各项竞技运动中，如投掷、举重、跳高、跑步、游泳、射击以及各类球类运动等，都以力量素质为竞技基础。对于普通人群的体育健身训练，发展力量素质是基本前提。

2. 速度力量

速度力量是指机体在克服一定阻力时所产生的位移，它是肌肉加速度能力的表现。机体在克服阻力的前提下加速度能力越强，即速度力量越大。速度力量的大小取决于力量的大小以及与克服阻力的运动速度有关，是克服一定负荷条件下的最大动作速度。所以，速度力量的训练本质是动作速度的训练。速度力量的典型表现形式是爆发力。

3. 力量耐力

力量耐力是指在一定阻力的情况下,机体工作时间的长度,即运动者克服疲劳的能力。因此,力量耐力与绝对力量的大小没有必然的正相关。也就是说,运动者绝对力量的大小,在克服某种阻力时,并不能决定其工作时间的长短。在针对不同运动项目进行力量素质的训练时,应该加以深入地区分。不加区分地把力量认为是所有项目的基础,盲目地进行普遍性训练,有可能花费了大量的时间和精力,却收效甚微,并且还错过了最佳的锻炼时机。比如一些与流体力学特性相关的项目,像划船、自行车、游泳等等,这类项目中阻力的产生与速度的平方成正比,阻力是随速度的增长而不断增大的,则必须考虑各种形式力量的训练。

二、力量素质的训练方法

(一)耐力的训练方法

1. 肌肉的工作方式

肌肉的主要工作方式是克制性与退让性相结合的动力性工作方式。一般情况下,可以充分利用静力性练习提高耐力。可以在动作速率较慢的阶段逐渐提高运动者的耐力能力。

2. 阻力的大小

在训练过程中,可以通过调节阻力的大小来控制训练。有些训练中阻力大小可能会达到极限用力的 70% ~ 80%。但大部分训练的负重主要选择最大负重的 40% ~ 60% 的重量。静力练习的用力大小可采用所能达到最大力量的 70% ~ 100%。

3. 速度的控制

在健身训练中,对速度的控制是循序渐进的。在完成一般性和辅助性的负重训练时,动作的主要速度应该达到自己的在家水平。一般是从中等速度到最大速度依次逐渐增加。

4. 完成一组训练的时间

耐力性训练通常要进行多次直到接近疲劳为止。在一些负重力量练习中，重复次数至少在 20～30 次，有时甚至达到 150 次之多。当然选择重复次数的主要依据是运动者的基础水平、目标水平以及该专项运动所需要的水平。一次静力性练习的时间在 10～12 秒或 20～30 秒之间，这同样根据运动者的训练水平而定。但是大多数练习的时间在 30 秒～2 分钟之间，最多可达 5～10 分钟。

5. 组间间歇的时间

耐力素质的训练一般将间歇时间控制在 30～90 秒之间，还要根据练习的时间和参与工作的肌肉多少而定。如果练习时间只有不足一分钟，而又必须使疲劳积累，那么可将间歇时间控制在机体还未完全恢复时结束，并进行下一次练习。通常采用心率数据进行控制，即当心率恢复至 120～140 次/分钟开始下一次练习。

如果练习时间在 2 分钟～10 分钟之间，那么间歇时间要适当延长至机体充分恢复到练习前的水平才开始下一次练习。

（二）爆发力的训练方法

爆发力可以分解为速度和力量，通过对速度和力量的训练，可以增强爆发力素质。

1. 肌肉的工作方式

发展爆发力的主要通过训练肌肉的克制性的动力工作方式来实现。

2. 阻力的大小

阻力的调节范围非常广。发展单块肌肉或者肌群能力，一般练习负重选择运动者所能达到的最大负重的 70%～90%。当动作结构和肌肉工作方式处于最佳状态时，负重可控制在最大负重的 30%～50% 之间。一般而言，在发展力量部分时，负重可取上述指标的上限；如果侧重发展速度部分，则取上述指标的下限即可。

3. 完成练习的速度

发展爆发力时一般要在每次的练习中都使用极限或接近极限的速度进行。

4. 单次练习的时间

单次的练习时间要以保证力量和速度指标保持原有水平的标准进行。一般将重复次数控制在 5～6 次左右。具体的负重、次数要结合运动者的实际水平而定。基础薄弱的运动者不可急功近利，可以通过降低难度和延长训练时间来逐渐提高成绩。

5. 间歇的时间

控制间歇时间长短的原则是保证运动者的体力得到充分恢复，非乳酸氧债消除。具体情况要根据其进行工作的肌肉数量、训练水平和技术水平来决定。

（三）最大力量的训练方法

发展最大力量通常有两种方法，虽然它们取得的效果相似但其增加机制却并不相同。

（1）通过改善肌肉内协调和肌间协调增加力量。这种方式的特点是并不会增加肌肉的体积，对于采用周期性运动项目进行健身的运动者而言更为适用。

（2）通过增大肌肉体积实现增长力量的目的。其原理是通过有组织的训练，充分利用超量恢复过程中工作肌的蛋白质剧烈地分解这一机制，使力量得到发展。

因此，健身者可根据自己要进行的运动项目来选择适当的力量训练方法。例如，想进行游泳、赛跑、滑雪、划船等运动的练习者采用两种方式均可。而喜欢长跑、马拉松运动的练习者则更多的是通过改善肌肉内协调和肌间协调增加力量的方法进行练习，因为这一方法不会增加体量，因而不会影响整体成绩。而喜欢短跑的健身者可以采用这两种方法来发展最大力量。不过无论采用何种方法，都必须综合考虑运动者的个人身体特点以及运动项目的要求。

第二节　速度素质培养与提升

一、速度的含义及其分类

（一）速度素质的含义

目前的训练理论认为"速度素质"是人体快速完成动作的能力，以及动作反应时间的总称。快速完成动作的能力是人的各种功能系统协同工作所表现出的能力总和，外部记录的运动动作的速度，比如单个动作的速度、动作交替的速率等并不相同。后者不仅取决于那些本身属于快速能力的因素，还取决于力量和其他运动能力。有的理论中把"移动速度"也列为速度素质的组成部分其实并不确切，因为"移动速度"实际上是力量、耐力、技术、柔韧以及动作速度、动作速率等能力的综合表现。

（二）速度素质的分类

速度能力是指人体进行快速运动的能力，包括反应速度、动作速度和移动速度。影响速度能力的因素非常复杂，它包括神经系统的机能状态、能源物质的储备、动作技术的熟练程度以及肌肉的组成成分有关。

二、速度素质的训练方法

（一）反应速度的训练方法

1. 完整练习法

完整练习法是指让采用已经掌握的各种简单动作、复杂动作或动作组合进行完整的训练，在练习中要求对突然出现的信号或突然改变的环境迅速做出反应，并反复练习以提高技术的熟练程度。比如反复多次完成蹲踞式起跑。进行反应练习最好能够结伴进行，或者有教练辅助完成练习，可以提高训练效率；如果独自练习，既要专心投入训练中，又要记录时间、设置信号等，整体上会影响训练的效果。

2. 分解法

分解法是指将反应性动作分解为几个部分,使单个训练更加容易且重点突出,动作分解后可以提高局部动作的完成质量和效率,从而整体上提高反应速度。因为,每次进行简单动作的练习,可以让训练目标更突出,任务更加明确,可以集中精力专注在一个核心技术上。这通常是专业运动员惯常采用的训练方法,只要控制得当,普通的健身者也可以运用在自己的训练计划中,有助于运动能力的高速成长。

3. 变换法

通过变换训练设置,比如调整动作的强度、信号的形式或频率、训练环境等,打破练习者对原有条件的惯性反应,从而不断提高反应速度的能力。健身者在应用变换法练习时,还应该结合自身的心理素质加以锻炼,因为反应能力的发挥常常容易受到心理和情绪状态的影响,在日常的训练中提高意识将有助于训练效果的保持。

4. 运动感觉法

运动感觉法是结合心理训练与身体训练的一种训练方法。这种训练方法的基本原理是辨别时间差的能力越强、越精细,那么其反应速度就越快。提高简单反应速度的方法很多,在训练中首先要练习把意力专注在即将发生的动作上,待信号发出以最快的速度做出反应;或者,通过调节肌肉的紧张程度来加快反应速度,因为反应速度与完成动作前肌肉的紧张程度成正比,肌肉越紧张反应速度就越快。在练习的时候可以充分地利用肌肉的这一特性,比如让工作肌肉预先进入紧张状态,一旦受到信号边立即做出反应。经过多次练习可以达到提高反应速度的目的。

(二)动作速度的训练方法

常用的发展动作速度的训练方法有重复法、比赛法和游戏法。

1. 重复法

重复训练法要求运动者在训练时能够最大限度地表现出动作速度，并且通过变换练习程序的设置或者条件，促使各种速度之间产生最大可能的转移，从而避免技术动作定型而影响了速度的提升。具体的措施如下。

（1）通过降低速度练习的外部条件来提升动作速度。比如在负重练习中通过减少重量，可以促使动作速度不断地提高。

（2）动作加速后的后效作用可以暂时提高动作的速度，类似的器械重量变化后的后效作用也有同样的效果。它的原理是当完成动作时，大脑的神经中枢还处于原有的兴奋状态，因此，节省了重新唤醒神经的工作和时间，保持高速的工作能力。对于健身者而言，可以巧妙地将这一规律引入动作速度的训练中。例如，在跳高训练中采用负重跳的方式，在投掷训练中加重投掷物的重量等等。

（3）使用声响或灯光信号发出速度感觉指令进行练习。声响或灯光信号的作用是可以提供必要的动作节奏或控制动作速度的变化。

（4）专注于加速阶段的动作练习。多数的速度练习都包含从静止到最大速度的"疾跑"阶段，如短跑开始时的加速度、田径的跳跃前的助跑、体操支撑跳跃中的助跑以及投掷中的预备动作等。"疾跑"是提高速度的重要练习，一般是在训练的最后阶段加入"疾跑"练习。

（5）缩小练习完成的空间和时间界限。运动速度主要受专项活动所持续时间的长短的影响，因此，在进行发展动作速度的练习中，不宜安排过长的练习时间，而是尽量缩短练习的总时间，并在不影响训练效果的前提下也限制练习的空间条件。这样可以促进动作能以最大速度完成，从而提高训练效果。

2. 比赛法

比赛法是发展速度的主要训练方法。经常性地进行比赛训练，可以使运动者的有机体表现出最大速度的增长趋势。因此，对于经常进行体育健身的人而言，如果追求动作速度的提高，可以积极踊跃地参加各种形式和规模的比赛活动。技能加强交流，还有助于提高自己的运动水平。由此可见，在推进健康中国的过程中，应鼓励社会各界多举办一些主题轻松、规模灵活的体育比赛活动，对于活跃群众的运动热情以及提高运动水平都具有积极意义。

3. 游戏法

游戏法也是普通健身运动者提高运动水平的常用方式。与比赛法的作用一样,游戏法可以激发运动者的运动热情,丰富人们的训练形式,增加训练的趣味性,从而提高训练效果。

(三)移动速度的训练方法

1. 变速变向练习

(1)三角移动跑

用三个标志物摆成正三角形,每两个之间相距5～10米。以各种步法在三角形的边线上进行变速跑、变向跑。这一练习可以发展健身者的移动速度。

(2)往返跑

选择一段大于20米的跑道,摆2个标志物做标记,然后在两个标志物之间做往返跑练习。每次跑步都以全速进行,每跑完100米为一组,做短暂休息后开始下一组,至少练习5组。

(3)摸球台或单杠练习

这一练习主要是指借助身边的运动设施,比如乒乓球台或者单杠等都可以。至少两人一组以比赛的形式练习,两人设定好信号,用各种步法触摸球台或者单杠然后做往返跑。

(4)后退跑+转身冲跑

两人一起练习,一人负责发出信号,一人准备练习。听到第一次信号后,练习者先后退跑20米,再次听到信号后转身冲刺跑20～30米。每人练习3次,两人交换角色练习。

2. 重复跑和间歇跑

(1)速度性练习

以85%～100%的强度进行50米的往返跑练习,间歇时间充分,直到速度明显下降为止,或者适当增加间歇时间。这是发展绝对奔跑速度的常见训练方法。

（2）速度耐力性练习

以 75%～90% 的强度进行 300～500 米的跑步练习，以间歇跑的方式进行，以发展机体的混合供能能力为主。间歇时间的选择以脉搏数据为准，当脉搏恢复到 120 次/分时开始下一次训练。

（3）组合跑练习

组合跑是指以几组不同的距离跑组合练习，比如 100 米 +200 米 +300 米为一组，顺序可灵活调整，但每次至少练习三组。组合跑练习的优势是，可以根据自身的实际情况灵活修改练习内容，每次练习不一定要按照一样的组合进行，因此，这种方式也提高了训练的新鲜感和趣味性。

第三节　耐力素质的培养与提升

一、耐力素质的含义及分类

（一）耐力素质的含义

耐力素质可以理解为机体克服疲劳的能力。其实，凡有疲劳产生的情况，就有耐力问题，因此要了解耐力也要理解疲劳的定义。国际运动医学对疲劳的定义是不能维持预定的工作强度时，机体感受到疲劳的状态。引起疲劳的因素包括低强度、长时间的工作，也包括高强度、短时间的工作，因此，任何一种工作强度都存在着耐力的问题。在运动训练过程中，耐力素质是指克服运动活动过程中体力应对疲劳的能力。

（二）耐力素质的分类

在体育运动中一般会对耐力进行进一步的分类，以便于更有针对性地指导体育训练。比如，从能量代谢的角度，可以分为有氧耐力和无氧耐力；从体育训练的角度，可以分为一般耐力和专项耐力。

无氧耐力又分为磷酸肌酸供能耐力和乳酸供能耐力。一般而言，人体在运动中是不同供能系统共同工作的结果，但是不同的项目会各有侧重。因此，在发展耐力素质时，首先要清楚该项运动的运动特性，以及相应的供能系统的工作原理，其次才是有针对性地选择训练方法和手段。

二、耐力素质的训练方法

（一）有氧耐力的训练方法

有氧耐力是无氧耐力的基础，良好的有氧耐力既可以充分利用机体储存的能源物质，也可以提高摄氧量、输氧量和用氧能力，能快速消除氧债，可以有效延缓疲劳，并且能够更快速地得到恢复。在耐力训练过程中，呼吸能力十分重要，强大的呼吸系统可以为机体提供充足的氧气，这是发展耐力的必要条件。若想提高机体摄取氧气的效率，要么提高呼吸频率，要么加深呼吸深度，相对于提高呼吸频率而言，深呼吸需要一定的练习，而且也更高效。因此，健身运动者应注意培养自己的深呼吸的能力，并协调呼吸节奏与动作节奏相一致。因为，一旦呼吸节奏紊乱也会破坏动作的节奏，必然会降低动作的完成效率；同时，还会增加机体不必要的能量消耗，从而降低了原有的耐力水平。

训练有氧耐力的最常见方式就是长跑，如匀速跑、间歇跑、越野跑等。训练过程中需要注意以下几点。

（1）正式开始前要做充分的热身。包括拉伸全身的重要肌群，使肌肉和韧带得到足够的伸展，活动各个关节。

（2）跑步时间要在 30 分钟以上，大多数时间都保持在中等强度。强度越低，跑步时间越长。

（3）结束训练后要做充分的整理活动。先慢跑 5 分钟，然后做拉伸运动，拉伸时每个动作保持 20 秒~30 秒。

（二）无氧耐力的训练方法

无氧耐力的发展是建立在有氧耐力提高的基础上。因为通过一段时间的有氧耐力训练，运动者的心腔增大，每搏输出量提高，从而为发展无氧耐力打下基础。无氧耐力是以 ATP-CP 磷酸原供能系统为主，糖酵解供能为辅的耐力训练。如果先发展无氧耐力的话，心肌壁会增厚，尽管心脏的收缩能力增强，但是每搏输出量却难以提高，反而对今后的发展不利。所以，通常会建议健身者先发展有氧耐力，再发展无氧耐力，并根据自己各方面的情况，对两者进行科学合理的训练安排。

常见的发展无氧耐力的训练方法是变速跑或间歇跑。

（1）以20米冲刺跑+300米慢跑,或者300米慢跑+30米冲刺跑这样的组合进行,连续做五组,再进行5分钟的放松跑。冲刺跑的时候要跑出最快速度,过程中要注意调节呼吸的节奏。

（2）间歇跑训练要严格把握每组训练之间的休息时间。要保证机体在未完全恢复时立即进入下一组训练。

① 30～60米冲刺跑,多组重复练习。

② 150～200米的间歇跑。间歇30秒。

③快速跳绳,30秒×10,60秒×5,间歇30～60秒。

④ 7秒完成50米跑,反复练习,间歇不超过20秒。

（三）一般耐力的训练方法

一般耐力的训练应循序渐进。它的基本原则就是以一定的训练时间、距离和数量为起点,逐步增加时间和距离,从而提高耐力水平。它与提高心血管、呼吸系统机能紧密相关,即与氧气的吸入、输送、利用等有关。

机体良好的有氧能力不仅能够高效地进行氧化过程,而且还能快速消除运动过程中体内积累的乳酸,减缓疲劳,提高肌肉中糖原的贮藏量。这就意味着为提高无氧能力做好准备。发展一般耐力的主要方法是通过延长运动时间来实现,如长时间的匀速跑、变速跑,或者游泳、骑行、滑冰等。对于老年人来说,打太极拳、做体操、散步等也是很好的发展有氧耐力的方式。

（四）专项耐力的训练方法

专项耐力的训练是在一般耐力训练的基础之上进行有针对性的调整,因为每个运动项目需要的专项耐力各不相同。对于普通的健身运动者而言,更重要的是打好一般耐力的基础,这比发展专项耐力更为重要。发展专项耐力的方法繁多,根据不同的运动项目有不同的训练技巧,这里不做赘述。

第四节　柔韧素质培养与提升

一、柔韧素质的含义及分类

（一）柔韧素质的含义

柔韧素质通常表现为人体各个关节、韧带、肌群等组织所许可的屈伸动作的活动范围。柔韧素质不属于动作的原动性因素，属于功能特性，它的最主要的作用是决定运动组织相互之间达到最大的活动程度。因此，柔韧性的指标在于被拉长肌群的放松及做出动作时的紧张，取决于两者之间能否协调结合的能力。发展柔韧性素质受到先天基因以及年龄的限制。越早发展越好，青少年儿童期间是发展柔韧的黄金时期，对于广大的健身运动者而言，应该首先判断自己是否还处于发展柔韧的关键窗口期，如果已经成年，那么应该量力而为，而不是盲目追求柔韧性而发生运动损伤。

（二）柔韧素质的分类

柔韧素质常常被分为一般柔韧和专项柔韧两种。

一般柔韧通常指机体为适应运动的需要，加大肢体、肌肉或关节的活动范围，例如举重运动员在负杠铃进行深蹲时，就需要大腿后群肌肉的柔韧性的能力。

专项柔韧是专项运动技术所特需的某些柔韧性。例如体操运动员就需要多种高难度的专项柔性素质，因为体操运动中充满了肩、髋、腰、腿等部位的大幅度活动技术。类似的还有游泳运动员的肩、腰的大幅度活动也需要具备专门柔韧素质。但是两种柔韧并非相互独立而存在的，事实上专项柔韧是建立在一般柔韧的基础之上发展起来的。

二、柔韧素质的训练方法

发展柔韧素质一般分为主动性练习与被动性练习两种。而主动性练习和被动性练习又分别包含动力性练习和静力性练习。主动性练习是指通过提高肌群的收缩能力而提高相关关节的灵活性,被动性练习是指自身重力或肌力作用增强关节的灵活性。但是简单来说,发展柔韧性的方法主要是通过加大动作幅度、拉长肌群、韧带来实现。

训练柔韧素质的方法有很多,一般是按照一般柔韧素质和专项柔韧素质来分类的。但是专项柔韧素质的训练方法分类众多,这里不做具体讨论。而且,对于主要目的是体育健身的运动者来说,发展专项柔韧性的现实意义十分有限,而发展一般柔韧性相对有更加广泛的适用性。因此,这里重点介绍发展一般柔韧的方法,按照机体柔韧性的主要部位,分为颈部、肩部、肘关节、腕关节、髋关节、膝关节、踝关节几个部分。按照惯例,以静力性练习和动力性练习分别进行讲解。

(一)静力性训练方法

1. 颈部柔韧练习

做颈部的柔韧练习时要注意动作的轻、缓、慢地进行,并选择相对安静和不被人打扰的环境最佳。然后按照前、后、左、右四个方向分别做最大限度的拉伸,并在最大限度时保持一段时间的静止。最后分别以顺时针和逆时针方向各轻轻转动两周,作为放松练习。

2. 肩关节柔韧练习

在正、反、侧三个方向进行压肩、控肩、搬肩的练习。同样需要注意动作的轻缓,用力不要过急。

3. 肘关节柔韧练习

分别进行屈肘和反关节压肘至最大限度,并维持一段时间的静止,然后做放松活动。

4. 腕关节柔韧练习

做转腕和伸腕至最大活动范围,并在最大限度时维持一段时间的静止,然后做放松活动。

5. 腰部柔韧练习

最常用的训练腰部柔韧性的方法有下腰和控腰两种,同样需要注意用力缓慢慢下、慢起。最后按照顺时针和逆时针的方向慢慢转动,进行放松运动。

6. 髋关节柔韧性练习

通过纵劈叉、横劈叉、抱腿前屈、控腿等练习都可以加强髋关节的柔韧性。练习后,同样需要认真做放松活动。

7. 膝关节柔韧性练习

膝关节的柔韧练习主要有压膝和屈膝两种方法。

8. 踝关节柔韧性练习

坐踝、绷脚面、勾脚尖以及提踵练习都是锻炼踝关节柔韧性的常见方法。踝关节容易练习,但也常常被忽视它的重要性。在日常生活中,踝关节可以是全身运动量最大、运动最频繁的关节之一,而且还承载着全部身体的重量。因此,加强对踝关节的训练对体育运动和身体保健都具有重要意义。

(二)动力性训练方法

1. 颈部柔韧练习

在充分热身后,让头部做尽可能大的绕环运动,或练习者双手托住下颌起到支撑和保护作用,然后头部分别向左和向右做拉伸练习。

2. 肩关节柔韧练习

双手握棍做转肩运动,或者用弹力带辅助做拉肩、转肩及轮臂练习。

3. 肘关节柔韧练习

首先固定肩关节,使上臂保持在一个水平面上,以肘关节为轴做绕环动作。

4. 腕关节柔韧练习

腕关节的柔韧练习较为简单,多做手腕绕环动作或者抖腕都可以起到增强手腕柔韧性的作用。

5.腰部柔韧练习

可采用腰绕圈、扭腰等方法练习,同样需要注意不要用力过猛。

6.髋关节柔韧练习

常用的方法有搬腿、前踢腿、侧踢腿、外摆、里合、盘腿压膝等。

7.膝关节柔韧练习

采用膝绕环、快速蹲起等方式进行练习。同样需要注意动作的轻缓,用力不要过猛。

需要强调的是,发展柔韧素质应该以静力性练习和动力性练习结合进行,这样可以起到更加明显的效果。

第五节　灵敏素质培养与提升

一、灵敏素质的含义与分类

(一)灵敏素质的基本含义

灵敏素质指的是在人体面对突发的、紧急的转变时,做出快速、协调、敏捷、准确的应对的能力。灵敏素质反映的是人体的运动技能、神经系统的反应能力和各种身体素质的综合表现。灵敏素质需要建立在力量、速度、耐力、柔韧等多种素质,以及对技术动作的娴熟掌握的基础之上。比如,力量特别是爆发力与灵敏的协调作用下,可控制机体的加速或减速动作;速度与灵敏的协调可以控制身体的躲闪、变向等动作。灵敏素质是协调发挥其他素质能力的重要条件。因此,灵敏对于体能训练具有特别的意义,它能够起到准确、熟练、协调完成动作的重要作用。

灵敏素质反映了人体中枢神经的反应速度、肢体的灵活能力以及优秀的力量、速度、柔韧、耐力等综合素质。它常常表现为反应速度的快慢、判断力和应变力。一个人的身体综合素质越好,运动能力越强,技术动作越娴熟,那么灵敏素质就越好。可以说灵敏素质是重要的辅助性的素质,它可以帮助其他素质更好地表达和完成任务。离开其他素质和运动技能,很难单独评价一个人运动能力的灵敏性。但是在运动实践中,通常可以通过以下一些标准来衡量灵敏素质的水平。

(1)具有快速反应的能力。比如躲闪、转身、急停、跳起、翻转、维持平衡和随机应变的能力。

(2)自如控制身体的能力。比如在各种不同限制的条件下,身体都能准确、熟练、流畅地完成动作。

因此,对于普通的健身运动者来说,加强锻炼灵敏素质可以起到一定的保护作用。

(二)灵敏素质的基本分类

灵敏素质一般可分为一般灵敏素质和专项灵敏素质。

一般灵敏素质是指在各种运动活动中,人体在突然变换条件的情况下,能够迅速、准确、合理地完成各种动作的能力。它是灵敏素质发展的基础。专项灵敏素质是指在专项体能训练中,人体迅速、准确、协调自如地完成专项各种技术和战术动作的能力。它是在一般灵敏素质的基础上,经过重复专项技战术训练并逐步提高专项技能的结果。

各专项体能训练对灵敏素质有着截然不同的要求。比如,体操类项目需要快速改变身体的空间位置,进行空中翻转,强调在激烈的翻转动作中体现优美的时空感;而球类项目需要高超的随机应变能力,需要快速做出启动、急停、躲闪等敏捷的动作。

因此,健身运动者主要以发展一般灵敏居多,一般灵敏具有更广泛的适用范围。对于身体条件较好,且需要发展更高更专业的运动技能的运动者而言,也可以进行结合其他素质的灵敏训练活动。

二、灵敏素质的训练方法

(一)一般灵敏的训练方法

发展一般灵敏素质的主要方法有徒手体能训练、器械体能训练、组合体能训练和游戏训练。

1. 徒手体能训练

（1）单人训练

单人进行灵敏训练的方法有很多，比如弓箭步转体、立卧撑跳转体、屈体跳、腾空飞脚、跳起转体、快速后退跑、快速折回跑等。健身者可以选择适合自己的方法进行反复练习，注意无论选择哪个方式都要进行多次才有效果。

（2）双人训练

双人训练灵敏比单人训练更有趣，通过增强互动和竞争使训练更轻松。常见的方法有障碍追逐、过人、模仿跑、撞拐等。

2. 器械训练

（1）单人训练

单人练习时可以借助使用各种器械来增强练习效果。可以使用的器械非常广泛，可以根据个人的兴趣爱好和喜欢的专项运动进行练习，包括运球、顶球、颠球、单杠转体、双杠转体跳下、翻越肋木、钻山羊等。

（2）双人训练

喜欢球类运动的健身者可以两个人做球类训练，比如双人传球、接球、抢球、接球翻滚等练习灵敏素质。或者借助单、双杠等进行一些游戏或者比赛性质的练习，比如双杠杠端支撑跳下换位追逐、肋木穿越追逐等。

（二）结合其他素质的灵敏素质训练

由于灵敏素质只有结合其他素质协调运用的时候，才具有现实意义，因此，在平时的训练中，最好就结合其他素质进行训练，这样在运动实践中会得到更好的效果。这里主要对综合发展反应能力、平衡能力、协调能力等方面进行讲解。

1. 反应能力训练

反应能力需要两人或多人配合进行练习。通过使用信号、比赛或者游戏的方式，加强对运动者神经系统和机体协调能力的训练。

（1）做与口令相反的动作。比如口令是向左转身冲刺20米，那么实际要做的动作是向右转身冲刺20米；如果口令是两人互拍对方的左肩,然后相向冲刺20米,实际应该做的动作应为两人互拍右肩,然后向背冲刺20米。

（2）按有效口令做动作。比如设置几个口令,但其中有些是无效口令,发布口令的人随机喊出口令,其他人听到口令后需要先判断其有效性再进行执行。

（3）跑步中听口令做动作。例如,喊数抱团成组,使用简单的加、减、乘、除运算结果进行抱团组合等。

（4）听信号或看示意做起跑、蹲下、急停、转身、变换方向等练习。

（5）听信号做各种姿势的起跑。如站立式、背向、蹲、坐、俯卧撑等。

（6）多人跳绳游戏。例如,两人摇绳,其中一人负责喊指令,如从绳下跑过转身,从绳上跳过等。

（7）一对一跳动脚猜拳、手猜拳、打手心手背、摸五官等训练。

（8）叫号追人、抢占空位、抢断篮球等。

2. 平衡能力训练

（1）两人相对单脚站立,相距一臂半的距离,虚实结合相互推,使对方失去平衡。

（2）两人弓箭步牵手相对而立,虚实结合互推互拉,努力使对方先失去平衡。

（3）站立平衡板上做排球动作。

（4）站立平衡板上做蹲起动作。

（5）站立平衡板上接对方投来的篮球或者足球。发球者只允许将球投向伙伴的左侧、右侧、头顶上方或者胸前,但是注意不可以用力过猛。

（6）奔跑中听信号完成原地转圈动作后,再继续奔跑。

（7）在平衡木上做简单动作。

（8）发展旋转的平衡能力训练。

3. 协调能力训练

（1）两人背向互挽臂蹲跳、跳转,完成追逐任务。

（2）模仿对方动作,两人交替给出动作样本,并给出"相同""相反""乘以二"等指令。

（3）两人头上拉手。听口令进行连续转动。

（4）听口令做脚步训练。例如，前后、左右、交叉的快速移动，单脚为轴的前后、转体的移动，左右侧滑步、跨跳步地移动。

（5）跳起体前屈摸脚。

（6）做不习惯方向的动作。

（7）改变动作的连接方式。

（8）选用健美操的一些动作。

（9）原地跳转360°角后跳远，前滚翻交叉转体接后滚翻，跪跳起接挺身跳等。

（10）两人练习，一手扶对方肩，一手互握对方脚腕，各用单脚左右跳、前后跳、跳转。

4. 体操动作训练

（1）前滚翻、后滚翻、侧滚翻为一组动作，做多组。

（2）连续做前滚翻或后滚翻动作。

（3）双人前滚翻：一人仰卧，另一人分腿站在仰卧人的头两侧，双方互握对方的两脚踝，然后作连续的双人前滚翻或后滚翻。

（4）连续侧手翻。

（5）鱼跃前滚翻，可设置一定高度的障碍物。

（6）在低单杠上做翻上、支撑腹回环、支撑后摆跳下、支撑摆动向前侧跳下等简单动作。

（9）在低双杠上做肩倒立、前滚翻成分腿坐、向前支撑摆动越杠下等动作。

5. 跳绳项目训练

（1）"扫地"跳跃。运动者将绳握成多段，从下蹲姿势开始，将绳子做扫地动作，两脚不停顿地做跳跃训练。

（2）前摇两次，跳一次。

（3）后摇两次，跳一次。

（4）交叉摇绳。运动员两手交叉摇绳，每摇2次，单足或双足跳长绳一次。

（5）集体跳绳。两名运动员摇长绳子，其他运动员连续不断地跳过绳子。每人应在绳子摇到最高点时迅速跟进，跳过绳子，并快速跑出。

（6）双人拉手跳绳。集体跳绳中，每两名运动员手拉手跳3~5次后快速跑出。

（7）走矮子步。两人拉一条低于所有人身高的长绳,要求其他人在绳子下走矮子步和做滑步动作通过。要求是通过绳子的练习者身体不能触碰到绳子。

（8）跳波浪绳。两人握一根长绳,并把绳子上下抖动成波浪形,其他人从绳子上跳过,规则是不能碰到绳子。

（9）跳蛇形绳。两人双手握一根长绳,并做左右抖动的动作,使绳子像一条蛇在地上爬行,其他人在中间跳来跳去,1分钟内触及绳子最少的人为胜。

（10）跳粗绳,一人双手握一根两米长的粗绳,其他人以握绳子的人为圆心围成一个圆圈。握绳的人用绳子做扫圆动作,规则是圆圈上的人要敏捷地做跳跃动作,目的是不能被绳子扫到,被绳子扫到的人去圆心摇绳。

（三）灵敏素质训练的注意事项

灵敏素质受遗传因素影响很大。在训练中应该采取逐渐增加复杂程度的训练方式,或者通过改变条件的方式增加动作的难度和复杂性。和其他素质训练不同的是,灵敏训练就是要出其不意攻其不备,因此训练中会潜伏一些不可预测的风险。所以,在进行灵敏训练时最好有专业教练在场指导,以避免不必要的运动损伤发生。以下是进行灵敏素质训练的几点注意事项。

（1）在做训练前要做充分的热身活动,如果身体稍有不适,或者情绪不佳、近期睡眠不足,不建议进行灵敏训练。

在跑和跳的过程中做迅速改变方向的各种躲闪、突然起动、快速急停和急停迅速转体等的训练。

（2）因为灵敏训练中有很多急起、急跳的动作,有贫血问题的人不建议训练。

（3）选择在相对安全的场地训练,比如塑胶跑道、有草坪的足球场地等,避免意外摔伤。

（4）在两人推操、互拍练习中,避免抓伤对方。

（5）选择体能素质水平相近的人一起训练，如果水平悬殊可能会影响训练效果。

（6）把灵敏训练安排在其他体能训练的前面，疲劳时进行灵敏训练会影响训练效果。

第六章
健康中国视域下大众实用体育健身路径与方法指导

大力发展大众实用体育健身的路径与方法,是推进健康中国战略的基础性工作。大众健身具有强烈的路径依赖,也急需科学方法的指导。因此,本章将对健身路径和健身方法指导进行详尽的分析,从具有较高普适性的几种运动形式,到社区的健身路径建设都展开了详细讨论。具体来说是从健身走、社区体育健身路径和游泳健身三个方面进行论述,希望为广大健身运动者提供较为实用的健身指导,为社区体育管理者提供一些基本路径的建设思路,对促进健康中国战略以及全民健身计划起到一定的积极作用。

六

第一节　健身走与健身跑

一、健身走

（一）健身走的定义

健身走运动是一项以步行为主要运动方式的有氧运动，对促进人的身心健康具有积极意义。健身走的优势是这种运动没有技术难度，且强度温和，因此对于运动者的年龄、性别、体力、运动环境等都没有具体的要求，是一项适合绝大多数人的健身运动方式。健身走的速度明显小于跑步，又大于散步，因此，可以达到运动全身的效果，同时又不会使人过度疲劳。

相对于散步而言，健身走运动的健身效果更加明显、高效；而相对于跑步，健步走运动的运动强度较小，适用范围更广，运动更加安全。因此，健身走运动是一项老少皆宜的群众健身项目，并且它不受时间和场地的限制，在任何时间、任何地点都能够轻松地实现健身的目的。

（二）健身走的重要性

1. 具有全民推广的价值

健身走运动是一种可大力普及的大众有氧运动形式，进行健身走运动既可以达到锻炼身体的目的，又可以丰富人们的日常生活，缓解工作压力，增进社区间的交流互动。可以说，健身走运动既具有健身属性，又具有社交属性，是一项绿色环保的健康生活方式。在健康中国视域下，在推广全民健身活动的过程中，健身走运动发挥出了它的独特价值。健身走技术难度低、运动强度平缓、适用年龄广泛、对场地要求较低等特点，都使它具有可推广普及性，能够成为一项大众运动。

随着社会的发展和进步，人们对健身的需要也与日俱增。广大人民群众的健康意识也有了明显的提高。我国经过改革开放这四十几年的飞速发展，国民生活水平得到显著提高，人们对科学健康的生活方式有了更高的追求，于是健身运动也逐渐走入更多的中国家庭，成为日常生活的一部分,这为健身走运动的有效开展及推广做好准备。培养社会大众的健身意识和习惯,需要一种简单有效、对设施和时间要求较低的运动方式,而健身走运动恰好能够满足这一要求。无论大众进行有组织的社区健身走活动,还是自发地安排健身走运动,都有助于提升社会大众的身体健康水平,对整体上促进我国国民的身体素质具有广泛的积极作用。

2. 符合构建和谐社会的需要

随着社会文明和科技的发展,人们的工作效率得到极大提升,社会分工越来越明确与细分,从而将人们从繁重的工作中解脱出来,于是有了更多的闲暇时光。与此同时,随着人们受教育程度以及精神文明素质的提高,人们对生活质量的要求也与日俱增。在物质生活得到满足之后,人们还要追求生命价值与生命质量的提升。而健身走运动是能够满足大多数人提升身心健康水平的入门级别的体育健身运动方式。它不仅可以帮助人们提升身体素质,缓解精神压力,促进身心愉悦,同时,还能够扩大人们的社交圈,增进人际交往,营造健康友好的人际网络,拓展健康的情感交流途径,为建设有利于身心发展的生活环境创造可能。健身走运动可以选择户外更为开阔的体育场、城市广场、步行街等地方进行,对纾解情绪有着积极作用。另外,它还可以打破健身房健身在时间、地点以及经济方面的束缚,可以降低人们健身的难度,从而更加有效。从长期看来,积极开展全民健身走运动,还对构建社会主义和谐社会起到促进作用。

3. 推动全民健身的方式之一

健身走运动还是推动全民健身的主要方式之一。这是因为,健身走运动具有普适性,无论是时间紧张的上班族,还是体力不够强健的老年人,无论是经济条件较差的人群,还是运动技能或体质受限的人群(比如大体重人群),都可以进行健身走运动。可以说,不同年龄、性别、职业、身份、阶层的群体,都可以根据自身情况因时、因地地选择健身走运动。比如在精力充沛的时候,可以通过增加速度和延长运动时间的方式,加强锻炼效果;在体力欠佳或者需要保存体力的时候,可适当调整健身走运动的速度和强度,量力而行。健身走运动几乎没有运动难度,也没有危险性,主要以发展肢体的协调性、调动心肺功能、加速新陈代谢等为主。

在开展全民健身计划的过程中,对于几乎没有接受过体育技能训练的人来说,参加健身走是最简单有效的运动方式。由于它的运动强度较低,且往往都是有组织的社群活动,因此更容易起步,也更容易长期坚持,从而帮助人们养成健身的良好习惯,为进一步参加技能性更高的体育运动打好基础,为长久而有效地开展终身体育运动做好准备。

(三)健身走的推广路径

1. 构建有效的管理体系

在全民健身计划下,健身走运动的开展是一项系统的、战略的、有组织、有目标的工作,需要相关部门的配合协作,需要从多个角度为促进广大群众的积极参与做好准备工作。这些工作包括大力宣传健身走的积极意义,推广健身走的运动优势,普及体育健康的知识体系,鼓励和吸引广大的人民群众参与到健身走运动中来。一方面,要在物质环境上做好工作,比如创建有利于开展健身走的运动环境和方便群众出行的交通设施;另一方面,使健身走运动成为规范、文明、有组织、有纪律的群众文化生活,营造和谐互助的运动氛围,建立灵活有效的管理配置,比如要有领队带队保证运动的节奏和时间,还要有秩序管理者和环境维护者;同时,还可以定期开展健身走运动比赛,鼓励群众的运动热情,加强他们的集体荣誉感,比如可以根据实际情况,设置全程、半程的健身走竞赛。通过扩大健身走的影响范围和影响力,逐渐增强这项运动的普及度,吸引更多的人加入进来,使健身走运动最终发展成为社区、城镇体育运动的一个重要组成部分,使其以灵活、机动又稳定的形式存在。比如,每个社区有固定的运动时间,有精干的管理小组,有稳定的参加人群,一个人可以长期参加本地的健身走活动,如果短暂地去外地出差或者生活,也可以方便地参加当地的健身走活动。只有这样,健身走运动才能真正成为我国大众实用的健身方式,才能具有稳定的群众基础,才能产生持久地提升全民身体素质的良好效果。

具体而言,构建健身走运动管理体系需要做好以下几点。

(1)相关部门应做好宣传推广工作,让广大群众知道如何加入身边的健身走活动。

(2)各级政府的体育部门应承担起开展健身走活动的责任,协调场地的使用问题,确保运动能够有序进行。

(3)社区应积极开展一些主题鲜明的健身走活动,争取办出具有一定特色的群众体育文化活动,从而不断提升健身走运动的影响力。

(4)加强对健身走运动的管理与维护工作,鼓励形成有效的民间管理组织,需要培养一批热心公益活动的体育运动爱好者,为健身走运动的顺利开展做好服务性工作。

2. 提升群众的参与意识

政府出面建立一个安全有效的交流平台,促进广大群众以有组织、有计划的形式开展健身走运动。平台不仅具有一定的组织管理作用,还能起到一定的向心力,使群众感到健身走活动是有稳定基础的、可持续进行的健身活动。通过平台建设,便于广大群众进行信息交流,从而增进社区互助有爱的氛围建设,并发挥其构建社会和谐发展的积极作用。

建立一个高效稳定的交流平台,还能起到持续宣传健身走运动、提升群众参与意识的作用。通过向群众普及健康中国的整体战略,国家大力推广大众体育健身活动的意义和价值,使群众的健身活动更具凝聚力。提升群众的参与意识是一个循序渐进的过程,需要长期地宣传引导。平台宣传工作的主要内容可分为两个方面。一方面,应倡导科学健身的积极意义,普及健身走的普适性,鼓励全民都能够积极地参与健身走运动。另一方面,也要宣讲科学健身知识以及风险防范,防止人们在健身走活动中由于方法不当而造成对膝盖、脚踝等身体机能的破坏。

总之,提高群众的参与意识,是开展健身走运动的基本前提,是构建和谐社会的组成部分。

3. 促使健身走的多元化

一项健身运动能够长久持续地发展,需要广泛而稳固的群众基础,这就需要做好实体化工作。

首先,应鼓励以社区、健身俱乐部等为中心建立一批活跃的健身走运动的民间组织。他们的带动作用,起到全员动员的效果,特别是针对退休老人或者社会关系相对薄弱的群体,通过健身走这项积极健康的大众体育活动,发挥民间组织的情感纽带的价值。能够帮助这一群体纾解因脱离社会关系而导致归属感下降,从而容易产生抑郁悲观的心理问题。因此,应该积极鼓励民间组织不同类型的健身走运动社团,可以让不同年龄、不同特征、不同文化程度的人都能找到适合的组织,从而增加社团成员之间的融洽度和紧密度,使这项运动持续地得到发展。

其次,健身走只是各个社团的一个基本活动内容,因此要鼓励人们发展出适合自身的其他运动项目,比如有氧操、羽毛球、太极拳等。通过满足人们的不同运动需求,丰富健身运动的内容,使健身走运动成为连接不同社团的沟通纽带。同时,还兼具吸纳不同年龄、不同层次、不同兴趣爱好的人群的作用。也就是说,不同特征的人群都可以积极参与到健身走运动当中,为促进健身走活动逐渐向多元化发展做出尝试。

总之,要充分发挥社区及民间组织的力量,促进健身走运动走向多元化发展,不断地延伸健身走运动的实际价值,让更多的社会大众通过参与健身走运动实现提升身体素质、结交更多的同好、不断丰富生活内容、提高生活幸福指数等目的。

(四)健身走的锻炼方法

1. 快步走

快步走步幅适中或稍大、步频加快、步频率在130米～250米/分之间,属于一种运动负荷稍大的健身走锻炼方法。其具体的方法和要领如下。

(1)以两脚的内侧为准踩成一条直线。在行走过程中体会骨盆稍有前后左右的转动,但幅度不宜过大。

(2)快步走的步速要保持在一定的水平之上,也可短时地放慢速度调整呼吸,但基本上要保证以一种快速的方式行走。以每分钟100～120步的速度为宜,或每小时走5千米左右。

(3)保持日常行走的正常步幅大小,不要过大或者过小,主要以加快步频达到训练目的。

(4)脉搏控制在120次～150次/分钟。快速走可以为跑步锻炼打下良好的基础。

2. 踏步走

踏步走是指原地走或稍有向前移动的特殊走法。踏步走锻炼适合各种年龄或身体条件的人群,没有特别的限制和要求。由于在练习踏步走时要求保持上身挺直,昂首挺胸,因此通过踏步走人体的形体笔直、气质端庄,同时可以对手臂和双腿的主要肌群的力量以及协调性进行锻炼。具体的训练方法如下。

(1)两腿交换频率因人而异,一般来说,以每腿 35 次 ~ 45 次 / 分为宜。对于有一定基础的健身者可以不断提高抬腿高度与两腿交换的频率来加大训练难度。

(2)最好用前脚掌先落地,然后全脚以滚动的方式全部着地,这样的步态较稳,行进姿势优美。

(3)进行踏步走练习需要在场地十分平整的路面,比如广场和公园内进行。避免在崎岖不平、有泥沙或有碎石的路面练习,以免影响训练效果,而且还容易绊倒造成身体伤害。踏步走有不同的踏步组合,如踏步 4 拍一转体、按音乐节拍踏步、闭眼原地踏步、有氧台阶踏步、有氧踏板等。

(4)踏步时用脉搏控制运动负荷,健康的成年人 1 分钟踏步走脉搏最高可达 180 次 / 分,一般练习者 1 分钟踏步走脉搏达到 120 ~ 150 次 / 分,即可达到健身最佳效果。

(5)进行变速度原地高抬腿踏步走可达到减肥的目的。

3. 散步

散步是一种悠闲轻松的步行锻炼方法。散步的步频较低,运动强度较小,适合年老体弱的健身者进行锻炼。对于一些患老年常见病的老年人,散步是必须的、最常采用的锻炼方式。比如,糖尿病人若坚持在饭前饭后各进行 30 分钟的散步,可使血糖明显下降。散步时注意双脚柔和地着地,同时抬头挺胸、收腹收臀,保持头部与脊柱成一直线,两肩自然放松下落,两臂自然地前后摆动,两腿交替屈膝前摆。散步是一种十分有效的锻炼方法,既有利于身体的锻炼,也有利于紧张心理的缓解和情绪的改善。具体的锻炼方法如下。

(1)普通散步法。以每分钟 60 ~ 90 步的速度进行 20 ~ 40 分钟。

(2)摆臂散步法。两臂前后做较大幅度摆动,行走速度保持在每分钟 60 ~ 90 步。

(3)快速行走法。速度以为每分钟 90 ~ 120 步,每次应走 30 ~ 60 分钟。

(4)臂后背向散步法。双手后背于腰部,缓步背向行走 50 步,然后再向前走 100 步。这样来回反复行走 5 ~ 10 次。

二、健身跑

（一）健身跑的定义

健身跑又称慢跑，是指采用较长时间、较慢速度、较长距离的有氧跑步方法。健身跑技术简单、容易掌握，而且不受年龄、场地和器材的限制，因此成为我国一项比较普遍的大众体育活动项目，它还被冠以"有氧代谢运动之王"的称号。

（二）健身跑的分类

健身跑一般分为几种类型。这些类型虽然形式略有不同，但是都属于健身跑的范畴。常见的有以下几种。

1. 慢速放松跑

慢速放松跑是指以较慢的速度在比较放松的状态下进行跑步健身活动。慢速放松跑也是最为常见的群众运动项目，因为它方法简单，具有较高的普适性，对于大多数健身人群都十分适合。慢速放松跑的特点如下。

（1）顾名思义，慢速放松跑的主要特点是速度较慢，运动强度较低，并且对速度不作具体的要求，运动者可以根据自身的条件和运动目标选择最适合的速度和强度进行锻炼。因此，同样进行慢速健身跑的老年人和年轻人，他们的跑步速度可能相差很多，而这都是十分正常的情况。

（2）运动中要控制在适当的心血管负荷，目的是保持运动处于有氧代谢状态，达到有氧代谢的目的。具体的做法是通过控制心率来控制代谢情况，最简单的方法是用180减去自己的年龄。例如，运动者为40岁时，心率应该保持在140次/分钟上下。

（3）尽管慢速健身跑是没有严格要求的锻炼方式，但是如果想要获得较为理想的运动效果，有一些因素需要注意。比如要保持运动的节奏，包括摆臂节奏、步伐节奏、呼吸节奏以及它们之间的配合。特别是呼吸的顺畅和稳定非常重要，只有这样才能使心血管系统得到持续的刺激和锻炼。另外，步伐和摆臂要积极用力，不要拖沓。通过保持长时间有节奏的慢跑运动，可以很好地提高机体的有氧代谢水平，从而增强心肺功能，提高免疫力等，达到体育健身的目的。

2. 原地跑

原地跑是指遇到特殊情况而不得不在室内进行跑步锻炼的一种跑步方式。比如遇到下雨、下雪、大风等特殊天气，或者是在新冠疫情严重的时期，由于不适合进行室外锻炼，那么可以在室内做原地跑锻炼。原地跑的方式与慢速健身跑类似，跑步速度和运动时间根据自身的情况调节，可长可短，可快可慢。但是在进行室内原地跑的时候要注意开窗通风，避免缺氧。另外，如果是老年人在家进行原地跑运动，那么要注意三个方面。

第一，要清理出一段相对宽敞的空间，避免老人被杂物碰到或者绊倒。如果室内空间十分有限，那么不建议做原地跑，因为在狭小的空间内往返跑步容易造成眩晕，从而导致摔倒等意外情况的发生。

第二，如果室内的地面是地板砖或其他较硬较滑的材质，谨慎锻炼，避免摔伤。

第三，家中需要有他人陪护，这完全取决于自身的需求，可以根据跑步的速度专门挑选最合拍的音乐，在音乐声伴奏下进行锻炼，但是一定要保持室内通风。原地跑的速度也可逐渐加快，动作也可逐渐加大，如采用高抬腿跑、后踢腿跑等，以便逐渐增加运动强度和运动量，充分发挥有氧健身跑的健身效果。

3. 走跑交替

走跑交替是指以走路和跑步交替进行的运动方式，即快走和慢跑相结合，慢跑一阵，快走一阵，这种方式适合体质较弱的健身者。采用走跑交替进行锻炼的好处，是将调节运动强度的幅度加大，在"走路"和"跑步"之间进行选择和适应。但是同时需要注意，健身者应该能够较好地判断和控制运动强度，不然如果快走的时间过长，而跑步的时间过短，且低于自身可以承受的负荷，那么起到的健身效果则十分有限。经过长期坚持，此方法可以不断地提高和改善心血管机能，并且对速度力量的提高也大有帮助。

4. 定时跑

定时跑有两种形式，一种是指规定跑步时间，不要求跑步距离；另一种对跑步时间和距离都有要求。第一种方式适合用于改善心血管系统,提高有氧代谢能力。比如运动者的目标是每次跑步都要坚持40分钟,速度可以根据当时的身体情况灵活调节,可快可慢。第二种方式有助于提高心肺功能。比如设置一个16分钟跑完3 000米的目标。

(三)健身跑的重要性

健身跑运动是一项非常普遍的大众健身项目,能够长期受到人们的青睐是由它的项目优势决定的。从运动条件的角度来看,健身跑对于场地、器材、装备等条件都没有特殊要求,对健身者的运动技能和身体素质的要求也相对较低。因此,绝大多数的健身者都可以进行健身跑运动。而与其他大众健身项目相比,如篮球、网球、足球、排球、羽毛球、游泳等,都对场地、设施、器械、装备有具体的要求。而且,如果要长期坚持的话,必然要准备一笔预算用于购买装备或者租用场地等。但是健身跑仅需要一双跑鞋就可以开始了,因此是大众首选的锻炼方式之一。健身跑的重要性主要包含以下两个方面。

1. 普及度高且效果明显

因为拥有强大的群众基础,健身跑成为保持我国居民身体素质水平的重要运动项目。如果在现有的基础上,加强积极引导和科学宣传,让越来越多的人认识到健身跑的诸多优势,并自觉地参与进来,那么将对促进我国国民整体身体素质带来明显的影响。

无论年龄、性别、经济状况如何,只要愿意,绝大多数人都可以进行健身跑运动。并且在坚持一段时间之后,体质一定会得到明显的改善。因此,健身跑与健身走一样,对整体改善和提高我国人民身体素质水平具有同等重要的作用。将健身跑与健身走运动同时进行推广宣传工作,将起到事半功倍的作用。

2. 明显改善和提高机体素质水平

作为"有氧代谢运动之王",健身跑对身体多个系统和机能的改善效果明显,可以很好地达到体育健身的目的。通过健身跑运动,人体的重要组织系统包括呼吸系统、血液循环系统、能量代谢系统、肌肉骨骼系统及神经系统等的功能将大幅度得到提高。由于健身跑运动强度较低,几乎不会产生乳酸堆积,也不会有次日的酸痛疲惫感。因此,非常适合作为日常健身项目。可以因地制宜地选择公园、社区广场、人行道、河边等居所附近的场所进行,非常便捷,是适合大众参与的运动健身项目。

可以结伴而行,也可以独自进行,健身跑的灵活性也提高了运动的可操作性,不会像球类运动那样,由于没有球伴则无法安排运动。健身跑的简单、便捷以及运动门槛较低,都大大地提高了大众进行健身跑运动的频率,其健身效果也因此得以明显体现。健身跑对改善心血管系统功能有显著作用,还可以预防血管中脂肪堆积,降低高血压、高血脂的风险。同时,还可以促进扩大心腔、增厚心肌,从而增强心脏的功能,使心脏的搏动有力,每搏输出量增加,心率降低,保持心脏的活力。长期进行健身跑的人还表现出精神状态更加饱满,不容易疲劳,不容易感冒,整体免疫力都得到提高。因此,越来越多的人加入健身跑运动中来。

(四)健身跑的锻炼方法

1. 慢速跑

慢跑是一种主要的健身跑锻炼方式。它以匀速慢跑的方式完成一定距离,可以达到一定的健身效果。慢速跑通常始以 90~100 步/分的速度进行,稍快可增到 110~130 步/分。运动时间以每天 30 分钟左右为宜,可以每日或者隔日进行。

具体的速度主要还是根据自身的身体素质情况进行选择。运动前主要要做好充分的人身活动。慢速跑练习时,运动强度的掌握以脉搏不超过 110~120 次/分为宜。注意呼吸要保持均匀有力,以不喘粗气为宜。

2. 变速跑

变速跑就是快跑一阵后,再慢跑一阵,以快跑和慢跑交替进行的一种跑步方法,十分适合体质较好的健身跑爱好者。当慢跑时,肌肉活动不是很激烈,吸入的氧气就可以满足肌肉活动的需要,是有氧代谢;而快速跑时,肌肉活动激烈,机体对氧的需求量迅速增多,随之进入无氧代谢过程。变速跑对发展一般耐力、速度耐力都有明显效果,因此具有积极的健身价值。

变速跑可以根据自己的情况随时改变速度,逐渐提高变速跑的速度,逐渐增加运动量,以最大限度地发挥健身跑的作用。

第二节 社区体育健身路径

在健康中国视域下,社区体育健身是大众体育健身的主要路径。因此,加强建设社区体育健身活动路径的工作非常重要。尤其是在当前疫情进入尾声的关键时期,加大社区体育健身文化的建设,完善全民健身公共服务体系,从而整体性地提高我国国民的身体素质显得更为紧迫。

一、社区体育健身路径的现状

(一)社区体育设施参差不齐

社区体育服务设施往往直接反映出一个地区对公共体育建设的意识和投入力度。因此,首先应该投入资金建设社区基本的健身场所、设施以及器材的更新和维护,加强对公共体育服务资源的开发与利用,并进行规范的管理,同时要杜绝安全隐患。加强对社区健身文化的宣传,引导大众进行科学有效的体育健身活动。目前,我国大部分地区的社区体育健身设施较为单一,存在较大的改善空间。

目前的社区体育健身主要分为无器械和有器械两种。无器械运动包括健身走、健身跑、散步健身操、广场舞、太极拳等。有器械运动按照器械的种类大致分为娱乐性器材、康复类器材、有氧耐力型器材、肌肉力量型器材、柔韧性器材、组合型器材 6 类。但整体看来多数器材年久失修,且有不少种类的器械使用率较低。

(二)社区体育路径发展不平衡

目前,我国的社区体育健身路径整体发展并不均衡。社区的体育健身发展与该地区的经济发展水平相关。经济发展较好的地区,一般情况下其大众体育健身活动也十分活跃。而经济欠发达地区,社区体育健身路径较为单一,水平也较为落后。从这个角度来看,还需要国家从整体上给予调控和支持,对于一些较落后的地区,应给予更多的扶持。

即使在同一地区,也表现出不平衡的状态。比如,同一城市的新城区,体育健身硬件设施十分完善,街道宽敞,社区规划合理,为人们的体育健身预留出合适的空间。而老城区由于当年城市规划的欠缺,社区不仅绿化较少,公共活动场所空间也狭窄,无法满足社区居民进行集体体育活动的需求。

另外,一些落后地区由于教育水平较低,人们的健康意识和体育健身技能相对薄弱,这也成为推广大众体育健身路径的障碍之一。

总之,地区的经济差异和文化差异,都是造成体育健身路径发展不平衡的重要原因。

(三)社区体育管理效率较低

社区体育健身活动的管理工作是保障其健康有序进行的必要条件。这里的管理工作包括但不限于对社区体育健身活动和人员的组织、对现有资源的利用以及积极开发新的社会资源、与其他社会相关组织机构实现多方协同等工作。就目前的发展情况看来,我国大部分的社区体育健身路径管理基本上以自组织为主。无论是资源管理、活动管理还是人员组织,都没有一个统一的系统性的管理主体。大多数的社区活动都以自由组织为主,对个体的运动热情和影响力的依赖性较高。因此,各个地区的表现形式也各不相同。有些社区对一些活动的组织较为成熟,但是整体的活动内容相对单一。有些社区的社会资源丰富,但是由于对参与人员缺乏组织和管理,因此整体效果欠佳。总之,我国大部分地区的社区体育健身管理效率较为低下,距离发展成为有组织、有计划,联动性强的大众体育健身活动还有相当的距离。从长期来看,这也是制约推行健康中国发展策略的不利因素之一,因此必须得到足够的重视。

二、社区体育健身路径的发展对策

(一)建立社区体育的联动机制

在发展社区体育健身路径的过程中,不仅要着眼社区内的管理和建设工作,还要放眼整个社会,与其他资源进行协同和整合,才能得到更好的发展。因为,社区体育健身活动既是社区内的小群体活动,也是在健康中国战略背景下的社会重要公共活动。在建设健身路径的时候需要依托当前社会的发展情况,努力开发社区公共体育健身与其他社会组织的联动发展策略。比如，一些城市社区体育管理者充分利用当地现有的体育资源，如企业、事业单位及私人培训营利性机构的体育资源，鼓励这些部门把他们的体育资源与社区居民共享使用，从而丰富社区居民的健身路径和活动内容。

（二）加强社区体育的管理体系

加强社区体育健身的管理工作既是"从上而下"的发展过程，也是"自下而上"的建设过程。首先，"从上而下"指的是，政府部门应该对社区体育健身活动路径给出更为全面、详细的发展规划，与此同时，还要从法律法规的层面给予一定的指导，保障后续的实践工作能够有章可循。其次，"自下而上"是指既然大众体育健身是一项广泛的大众的实用健身活动，那么就应该群策群力、集思广益，鼓励社会组织和个人献计献策，共同努力建设属于大众自己的社区体育发展路径。这是因为，如果单纯地"从上而下"完全依靠政府进行管理，大众的真实需求不能得到直接表达，往往发展起来就会流于形式。而如果单纯靠"自下而上"的发展，由于没有系统的指导，难免过于随意而形成各自为政、一盘散沙的局面，难以得到长久而有效的发展。因此，社区体育健身路径的建设是一个发展的过程，是一项长期的工作，既需要政府指导，也需要民间力量，只有同时进行、相互协同发展才能取得理想的效果，真正地建设起大众实用体育健身路径，并保证其健康顺利地发展下去，为推进健康中国的伟大战略打好坚实的基础。

（三）实现社区体育的多元化发展

作为人口众多、幅员辽阔的文化大国，在开展社区体育健身路径建设的过程中，应该鼓励因地制宜的发展策略。因为不同地区的地理地貌、民族风俗、人群特征以及地区文化的差异，社区的体育健身应朝着多元化的方向发展。比如，在我国的北方地区，尤其是东北三省，冬季气温较低、降雪丰富，因此，当地居民具有开展冰雪运动的得天独厚的条件。东北地区的居民，在冬季会进行各种形式与规模的溜冰、滑雪、冰壶等运动内容。而青岛、大连、厦门等地，是我国水上运动的重镇，除了游泳、划船之外，帆船、皮划艇、赛艇等运动也逐渐成为大众的健身项目选择。总之，社区体育健身应当立足不同社区所在地区的独特自然资源和社会资源，充分进行利用与开发，逐渐丰富大众健身的路径和内容，使大众体育健身运动不断得到发展,不断地与时俱进。比如,健身走运动就是近些年发展起来的一项城市大众健身活动,是为了满足大多数城市居民的健身需求而应运而生的运动形式。社区体育健身活动会随着社会的发展而不断衍生出新的运动形式,不断地丰富着大众体育健身路径。

(四)完善社区体育的表达机制

社区体育健身的建设与发展是以满足社区居民的健身诉求而展开的,因此,必须建立一个通畅、便捷的表达机制和表达平台。为了提升广大人民的体育健身活动质量,需要加强沟通表达机制的建设。社区体育管理者可以通过平台及时了解社区居民的健身诉求、效果反馈、资源分享,开展更多的互动交流活动,从而不断地完善社区体育健身活动的效率和质量,切实满足广大居民对参与社区公共体育服务的需求,满足居民提升个人身体素质水平的需求和参与社区人际交往的需求。总之,良好的表达机制是社区居民共建健康美好生活的共同需要。

三、社区体育健身的锻炼方法

(一)手臂锻炼方法

准备姿势:两位锻炼者面对转轮站立,双手握住转轮的边缘,双脚开立与肩同宽。

练习方法:练习时,两人同时向左对抗用力,再同时向右对抗用力转动转轮,往返4~6次。然后,同时向左、向右来回转动转轮。左右转动相结合,使双臂的肌肉得到均衡锻炼和发展。

量与强度的控制:锻炼时往返转动10~15次,共做2~3组。组间间隔时间为20~30秒。

动作要领:两人用力配合协调一致。对抗用力时,一方不可突然停止用力或撤离。

（二）腿部锻炼方法

1. 踢腿练习

（1）前踢腿

锻炼者左肩侧对单杠，左腿支撑站立，右脚后点地。左手扶杠，右臂侧举或叉腰。练习时，右腿伸直向前、向上踢起，然后还原。2拍完成一次前踢腿动作，连续完成2~4个8拍，然后换另一腿练习。

运动强度控制在每2~4个8拍交换腿练习，踢腿的动作幅度可根据自身的柔韧性调整。

动作要领：大腿发力，脚背带动向前踢起，髋部控制稳定，上体直立。

（2）侧踢腿

健身者面向单杠，左腿支撑站立，右脚侧后点地，双手扶把。练习时，右腿伸直经侧向上踢起，然后还原。2拍完成一次侧踢腿动作，连续完成2~4个8拍，然后换另一腿练习。

运动强度控制在每2~4个8拍交换腿练习，踢腿的动作幅度可根据自身的柔韧性进行调整。

整个过程注意是用大腿发力，同时展髋，脚面膝盖尽量向上，上身保持挺直。

（三）腰部锻炼方法

健身者双手扶住转腰器的把手，两脚自然站立于转盘上，且保持两侧对称均衡。练习时上体基本不动，髋部和腰部用力转动，带动身体向左、向右来回转动。

运动强度控制在：每组2~3分钟，每次2~3组，每天可多次进行。

需要注意的是用力不要过猛，避免拉伤腰部。在转动时双肩和上体尽量保持不动，以髋和腰带动身体的匀速转动，每次转动要到位，尽量加大幅度，但用力要缓慢轻柔，避免拉伤。

（四）伸背器锻炼方法

健身者双脚开立站在伸背器前，双手分别握住扶手。练习时下肢自然站立，躯干依托器械弧度向后充分伸展，颈椎放松。用双臂上伸带动身体用力。

运动强度控制在伸展2～4个8拍为1组,每次进行2～3组,每日可进行2次。注意伸展时颈和腿要放松,背部依托器械弧度向后完全伸展。

第三节　游泳健身

一、游泳运动的生理特点

(一)呼吸循环系统的特点

游泳是游泳运动中非常重要的环节,一般也是技术难点所在。无论哪种泳姿,游泳的呼吸都是比较特殊的一种呼吸方式:吸气时,吸气肌通过用力收缩来克服水的压力;呼气时,吸气肌主动放松、主动收缩以克服水的阻滞,加快换气速度。游泳时强烈的肌肉活动消耗了大量的氧,使血液中的二氧化碳分压升高,刺激了中枢化学感受器和外周感受器,反射性地引起呼吸运动加深加快,以增大肺通气量。因此,游泳运动可以有效地增强呼吸肌的力量,提高肺活量。

一般而言,一个普通成年人在安静状态下的肺通气量为8升/分,在运动时(非游泳类运动)肺通气量会提高10～25倍。但是在游泳时,因为受到技术动作的影响,运动者难以通过提高呼吸频率来增加肺通气量。并且,由于机体受到来自水压的压迫使肺容积趋于缩小,肺活量受到一定程度的限制。此外,每一个动作周期中都有一个较长的闭气阶段,且换气必须快速,导致每次呼吸只能完成肺活量的1/3～1/2。也就是说,进行游泳时,人体基本上一直处于摄氧不充足的状态,而且人体在游泳时要严格按照动作技术节奏进行换气。也就是说,运动者不能通过增加呼吸次数来获得对氧气的需求,那么只能依靠增加肺活量,提高呼吸肌力量和加大呼吸的深度来提高肺通气量,并通过长期的训练提高氧的利用率,才能适应提高强度刺激的需要。游泳的大多数项目都是以有氧糖原分解为主要供能形式,进行有氧耐力训练,可以有效地提高肺通气量及氧的利用率,提高心脏每搏输出量和每分钟输出量,提高呼吸循环系统的机能,也就是加强氧和糖原的运送。因此,人们把有氧耐力训练看成是游泳的基础训练。总之,了解游泳运动中呼吸的特殊性,以及人体呼吸循环系统在水中所采取的对应策略,是进行游戏训练之前的重要功课。在掌握了这些知识之后,再进行游泳学习会明显提高训练效率,也有助于帮助初学者克服初入水训练产生的紧张感和不适感。

(二)心血循环系统的特点

与在陆地上的多数运动不同,游泳时身体基本上与水平面平行,机体的各个器官和组织处于同一水平上,这对于血液循环系统产生较大的影响。首先,提高了心脏的泵血功能;其次,由于遇冷水后肌肉和心血管组织会产生强烈的收缩,于是心脏压出血液的强度也大大提升,此时的心输出量比平均水平高出5~6倍。随着运动强度的增大,机体对能量的需求提高,即对血液循环系统提出更高的要求。因此,加强游泳运动能够很明显地提升机体的心血管循环系统的机能。一名优秀的运动员在高强度运动中心率在180~210次/分之间,每搏输出量可达172毫升,而安静时的平均水平是100毫升。而普通人对应的每搏输出量分别为113毫升和70毫升。可见,游泳运动对心血循环系统的要求很高,那么也意味着普通人通过长期的游泳锻炼,可以起到明显提升心血循环系统机能的目的。

游泳运动与陆上运动的另一个不同之处是水压对身体的作用。一定的水压可以促进血液的回流,从而为血液循环创造有利条件。

游泳运动促进血液循环系统功能的改善,表现在功能节省和功能动员快等方面。训练有素者安静时脉搏徐缓;运动时能根据负荷的大小较快地提高心率;运动后也能较快地使心率恢复到安静时的水平。此外,大脑皮质对冷水刺激引起的血管反射的调节能力也将通过系统的训练而得到提高。

(三)能量代谢系统的特点

人体在游泳时所需的能量一部分直接来源于肌肉内的三磷酸腺苷(ATP)的分解。但是肌肉内三磷酸腺苷的储备量很少,仅能维持数秒的高强度运动,采取边分解边合成的方式供能。再合成三磷酸腺苷所需的能量来源于肌肉内的磷酸肌酸(CP)的分解,肌肉内磷酸肌酸的含量也有限,只能维持6~8秒肌肉的强烈收缩运动,磷酸肌酸再合成所需的能量则来源于糖或脂肪的氧化分解。当氧供应充足时,糖或脂肪经有氧分解提供能量；当氧供应不足时，糖经无氧酵解提供能量，同时产生乳酸。

游泳运动的供能方式取决于运动的强度，即需氧量与摄氧量的关系。而运动强度又与项目距离的长短直接相关。比如在50米的项目中，运动持续时间仅为几十秒，其供能以无氧为主。100米项目的运动时间一般在1分钟左右，供能以糖原无氧酵解提供乳酸能为主。1 500米的项目，需持续15分钟以上，因此以有氧代谢供能为主，无氧代谢供能为辅。它们的比例大约为6∶1。可见，随着游泳距离的延长，运动强度会减小，无氧代谢供能的比例降低，有氧代谢供能的比例相应地升高。总之，游泳运动的需氧量取决于运动强度的大小。强度越大需氧量就越大，无氧酵解供能的比例也越大；反之，运动强度小需氧量也小，无氧酵解供能的比例也就小。

二、大众健身游泳的重要性

（一）游泳是全身协调运动

游泳运动需要动员全身的主要肌肉参与工作，身体在水中受到水的浮力和压力作用下，全身舒展而松弛，身体得到全面、匀称、协调的发展。尤其是对提高心肺功能，发展有氧耐力，减脂、矫正体型等均有较好的效果。特别是对于久坐人群，由于长时间地伏案工作，对颈椎、腰椎造成极大的压力。很多人都有腰酸背痛、头晕、肩部不适等状况，而通过游泳运动就能很好地缓解这一症状。因为人体在水中基本保持平卧姿势，再加上水的浮力作用，使身体的负重减轻，最主要的是减轻了腰椎的负荷。而在游泳运动中，通过不断地重复伸展双臂、蹬腿打水等动作，可以明显改善肩部、颈椎和腰部的不适感。同时，在由于水压的作用还可以对身体进行全身的按摩，对肌肤的保养有积极作用。而且在运动中产生的汗液腺、分泌物等可以及时被水冲刷，使皮肤保持光洁。另外它对提高心肺功能，发展速度、耐力，减少体脂，美容肌肤，使肌肉线条优美，对矫正体型和健美体型有着奇特的功效。

（二）游泳运动可持续一生

和陆上运动不同的是，游泳运动几乎可以终身进行。因为水的浮力对于老年人来说是一种很好的保护作用。众所周知，当人进入老年后，身体的各项机能都逐渐进入衰退状态,尤其是钙的流失使骨骼异常脆弱,而肌肉的逐渐萎缩也降低了对骨骼的保护作用。因此,老年人在健身过程中要特别注意防止摔倒。而游泳运动能够很好地避免这一现象。并且,长期的游泳训练可以逐渐提升心肺功能,这对防止高血压、高血脂、高血糖都有明显作用。因此,游泳成为大众健身的重要选择。

(三)游泳的减肥塑形功能

现代人进行体育健身的一个重要目的就是减肥塑形,而游泳是一个很好的选择。因为对一些体重基数大的人群来说,进行长时间的健身走或者健身跑虽然能够消耗热量,但同时也有可能对关节组织带来较大的压力。时间久了,减肥未必成功,而膝关节或踝关节却开始出现这样那样的问题,但是游泳运动恰好能规避这一问题。而且在水中运动时,水温可以很好地调节体温的增高。所以即使长时间运动也不会出现大汗淋漓的不适感,反而能够长时间地保持身体的清爽。因此,游泳是一项有利于减肥减脂的大众健身运动项目。

而且,水具有导热功能,人在运动时身体会加快散热,有实验表明,游泳1000米比其在田径场上跑1000米消耗的热量多出3~4倍。因此,游泳是减肥最有效的一项有氧运动。

(四)游泳有利于康复治疗

近些年来,水上运动的康复功能被越来越多的人所熟悉。通过游泳运动来改善和修复一些机体功能,产生了较好的效果。有一些疾病的患者通过游泳来达到康复和治疗的目的。例如,肌肉拉伤、腰椎间盘突出、鼻炎等疾病都可以通过游泳健身来进行康复,甚至完全得到治疗。但是需要注意的是,游泳的康复治疗作用,需要在医生和专业的康复教练的指导下进行,进行有计划、有针对性的实施,以免事倍功半。

三、游泳运动的训练方法

在了解了游泳运动的生理特点之后,进行游泳训练就可以做到心中有数,通过有针对性地提高自身的身体机能,来提升运动水平。对于健身者而言,也可以说是为了提高身体的某方面机能而有目的地进行游泳技能的训练。通过不断地提高游泳技术,达到不断提高身体素质的健身目的。在游泳健身运动训练过程中,需要持续地加强运动强度,即对健身者的机体进行有效刺激,才能引起机体深刻的反应,才能充分挖掘机体的潜力。

游泳训练有多种不同的训练方法,不同的训练方法侧重不同的训练效果。但是,无论哪种训练方式都是以机体的呼吸系统、心血循环系统和能量代谢系统的协调配合下完成的,不能单独只提高某一项机能而不整体提高运动水平,因此需要循序渐进地对身体各个机能进行整体的训练和提高才能达到理想效果。从目前的发展趋势来看,游泳训练中经常采用的方法有持续训练法、间歇训练法、重复训练法、短冲训练法等。

(一)持续训练法

持续训练法是指采用不间断、连续的训练来提高运动水平的一种训练方法。它往往采用大于比赛距离但低于比赛速度的方式进行。在训练中,保持适度的运动强度的前提下,尽量延长运动时间,通过一段时间的训练,可以很好地发展心血循环系统的功能,尤其对于提升有氧耐力十分明显。持续训练法的特点是对机体的刺激比较温和,所有训练效果也是以比较缓慢的方式表现出来的,但是这一效果能够持续的时间较长,因此也比较稳定。

在采用持续训练法时应注意以下几个方面。

(1)对于普通的体育健身运动者而言,持续训练法是最为常见的训练方法。因为它的运动强度相对温和,因此适用于各个年龄段的运动者,可以长期地采用。

(2)如果想要更有效地发展有氧耐力的话,需要结合提高无氧的强度来进行训练,方可有效地发展有氧耐力。

(3)由于持续训练法长期以一种动作频率较低、时间较长的方式进行,中枢神经会逐渐适应这样的节奏。因此,可以穿插一些适当的短冲练习来调节。

(4)采用持续训练法训练时还应注意保持技术动作的规范,避免由于长时间的重复而使动作趋于机械化,甚至带来不良的技术定型。

(二)间歇训练法

间歇训练法是指一组固定距离的练习之后,按照严格的规定进行间歇休息,并且在机体没有完全恢复时就开始下一次练习的方法。间歇训练法常常用于提高速度耐力和一般耐力。在间歇训练中,要求有一定的训练强度和重复次数。最明显的感觉是来不及休息就又开始了下一次的训练,因此运动过程中的疲劳感比较强烈。但这就是间歇训练法的核心,即利用超量恢复的理论,使身体机能能够得到快速的提高。因为,带着未完全恢复的"氧债"坚持训练,能有效地提高心血系统的功能以及机体对氧的利用率。在间歇的短暂时间,其实仅有肌肉组织得到片刻的休息,而呼吸系统、循环系统和收缩压仍维持在较高的工作水平,这是不断提升其机能水平的主要原因。

和持续训练法相比,间歇训练法的运动强度较大,时间较短,因此对于提高机体的负荷能力较为明显。在采用间歇训练法训练时,需要注意以下几点。

(1)慢速间歇。控制运动强度在70%~80%之间,间歇时间为10~20秒。主要用于发展有氧耐力。

(2)快速间歇。控制运动强度在85%~90%之间,间歇时间20~40秒之间。主要用于发展有氧和无氧混合的训练,发展力量耐力和专项耐力。

(3)改变间歇时间。单次的游动距离不变,并保持恒定的训练强度,逐渐缩短间歇时间。

(4)变换距离。保持一定的间歇时间,逐渐延长每次的训练距离。可以分阶段进行,每个距离练习3~5次,待身体稍微适应这一距离后再适当增加距离。

(5)变换距离和间歇。游泳距离和间歇时间都不固定,随着游泳距离的变化,间歇时间也相应变化,可根据自身的身体状态进行调整。

(6)强度递进游。距离固定,间歇时间固定,逐步提高完成强度。

(三)重复训练法

重复训练法是指针对某一技术动作,按照相应的要求进行反复练习的方法。反复训练法对每次练习后的休息时间不做具体要求,以身体基本恢复为准。

重复训练法对中枢神经系统的兴奋与抑制的转换、大脑皮层与肌肉的协调能力要求较高。运用重复训练法可以提高无氧酵解的供能能力和对乳酸的缓冲能力、耐受乳酸的能力,使无氧能力得到提高。根据游动的距离不同,重复训练法可以用于发展肌肉力量、速度以及速度耐力。采用重复训练法进行训练时应注意以下几点。

（1）由于重复训练法要求训练强度大，因此安排不宜过于集中，一般每周进行1~2次为宜。

（2）重复训练法就是以强度为中心的训练方法。如果距离较长的重复游，需要适当降低强度，可用于发展速度耐力；如果是50米以下的重复游，可用于发展速度和肌肉力量。

（3）重复训练也是提高训练强度的主要方法，比如在快速游动的情况下进行重复练习，可以提高速度感。在进行这一类的训练中，训练者需要学会控制体力的分配。

（四）短冲训练法

短冲训练法是指以最高速度全力冲刺较短距离的方法。短冲训练可以提高肌肉中高磷化合物的储备ATP-CP和无氧代谢酶的活性，使糖酵解速度加快，从而提高无氧代谢的能力。采用短冲训练法，对神经系统的灵活性也是非常好的锻炼，对提高和改进快速技术也是一种好办法。短冲训练法可以与持续训练法相结合进行训练。

第七章
健康中国视域下时下流行体育健身路径与方法指导

随着全民健身的不断发展和健康中国建设的推进，现代流行体育项目越来越受大众的欢迎与喜爱，成为大众参与体育健身的重要内容与方式。科学参与时尚流行体育运动，不仅有利于增强体质，提高身体健康水平，还能够使人愉悦身心、陶冶情操、感受时代的气息，并且能够引领潮流、营造良好的社会健身氛围。本章主要对时下流行体育项目的健身方法展开研究，包括健身房器械运动、轮滑、健美操以及广场舞等项目，从而对大众参与这类健身活动提供科学指导。

七

第一节　健身房器械健身

随着体育健身产业的不断发展,社会上出现了大量规模大小不同的健身房,去健身房健身已经成为时下年轻人的生活方式之一,也是年轻人进行体育锻炼的重要路径。经济收入的增加、工作制度的规范化等为年轻人选择健身房健身路径提供了重要的基础保障。年轻人去健身房健身,首先通过办理正规手续而成为健身房会员,然后以会员的身份在健身房内自由使用各种器械进行健身,有的是自己健身,有的则请健身房教练进行指导,以取得更好的健身效果。健身房内可供会员使用的健身器械非常多,大体上可分为有氧健身器械和无氧健身器械。使用有氧健身器械进行健身,有助于锻炼心肺功能,提升心血管机能水平,预防代谢性疾病,增强体质,消耗脂肪,减肥塑形;使用无氧健身器械进行无氧运动,有助于增强肌肉力量、爆发力,提高运动速度,促进健康。相对而言,选择有氧器材进行健身锻炼的人更多一些,本节主要选取跑步机、动感单车、划船机等健身房内比较普遍且颇受欢迎的有氧器械的健身方式进行分析。

一、跑步机

跑步机几乎是健身房内的必备器械,也是使用率非常高的器械之一,用跑步机进行快走或跑步,可以达到良好的锻炼效果。使用跑步机健身,需要注意以下事项。

第一,身体姿势要正确,不管是在户外跑步还是在跑步机上跑步,保持正确的身体姿势都是非常必要的。跑步时双手不要在两侧的把杆上紧紧用力抓握,它不会起到助力的功效,但当在你刚开始跑或跑步即将结束时,可以把手轻轻放在上面,以保持平衡。有的人在跑步机上跑步时,速度调得过快,需要抓住把杆才能跑起来,这其实是不正确的,合理的速度是不需要抓握把杆也能跟得上的,而抓握把杆跑步会出现弓背、塌肩等不良身体姿势。

第二，站在跑步机上，从步行或慢跑开始逐渐过渡到正常速度，速度要循序渐进地增加，如果一开始就把速度调得非常快，很容易因为身体无法保持平衡而摔倒。

第三，跑步时头部正直，目视前方，不要看两侧，更不能转头看身体后面，否则会影响身体的平衡与协调。

第四，跑步即将结束时，要先减速，从正常速度的跑过渡到慢跑，必要时再过渡到步行，最后停止，切忌突然停止跑步。练习结束后要等跑步机停止工作再从上面走下来，当跑步机还在运行时不要从上面突然跳到地上，否则可能出现心率加快、头晕目眩等不适症状，也可能因为身体失衡而摔倒。

第五，在跑步机上跑步，并不是跑得越快越好，也不是跑的时间越长越好，而是要根据自己的身体情况去安排时间、调整速度，保持适宜的运动负荷，如此才能达到理想的健身效果，否则不仅达不到健身目的，反而会损害健康。

二、动感单车

动感单车是典型的有氧健身器材，也是健身俱乐部的常见器材之一，深受健身爱好者的喜爱。动感单车是经过科学实验而设计的，符合人的身体结构形态，锻炼时不需要过度用腰也能获得较好的锻炼效果。动感单车的设计不仅秉承了安全原则，还遵守了大众性、实用性原则，器材上的拉伸功能为不同身体形态的人在上面锻炼身体提供了可能。在动感单车上锻炼有两种姿势，一种是坐势，另一种是站势，不管采用哪种姿势来锻炼，都有利于增强腿部肌肉力量和耐力，促进骨骼发育，最终增强体质，增进健康。

在动感单车上进行骑行锻炼，主要有以下几种方式。

第一种，有氧运动骑行锻炼法，如间歇骑行锻炼、自由骑行锻炼等，这种方式有利于消耗脂肪，减肥瘦身，促进心血管功能的提升，达到强身健体的功效。

第二种，强度骑行锻炼法，这种方式有利于促进腿部肌肉力量的增强，使腿形更健美，同时也能改善心肺功能。

第三种，力度骑行锻炼法，这是一种环绕骑行锻炼方式，就像在山路上骑车一样，有利于增强腿部肌肉力量，提高骑行的技巧能力，这种锻炼方式很有趣味。

健身爱好者进行动感单车骑行锻炼,需要注意以下几方面的要求与要点。

第一,贯彻安全第一的原则,尽量在确保身体没有伤病的情况下进行锻炼。

第二,上车前先根据需要对动感单车进行适当调整,检查相关螺栓是否拧紧。

第三,锻炼前半小时饮水,锻炼中间隔8分钟左右适当饮水,做到少量多次。

第四,锻炼频率以每周4次为宜,每次的运动强度可以不同,体会运动强度的交错性和不同运动强度下的锻炼效果。一般建议每次锻炼半小时到1个小时。

第五,锻炼时,先放慢速度,检查制动按钮是否灵敏,身体适应后,再逐渐加快速度。急停时按紧急制按钮。

第六,练习结束后做放松练习,以拉伸为主,大约10分钟左右,以尽快消除疲劳。

三、划船机

划船机是以锻炼力量为主要功能的健身器材。健身者坐在划船机上进行锻炼时,手臂像划桨一样做屈伸运动,下肢也随之屈伸,大量伸肌参与运动,其中包括很多平时不参加运动的伸肌,这能够很好地锻炼全身肌肉力量,促进力量素质的提升。划船机健身练习不但能够锻炼四肢肌肉,还能锻炼背部肌肉,在体前屈、体后伸的屈伸活动中,背肌活动范围达到最大,脊柱各关节也能得到有效活动,从而促进了背肌的增强和脊柱柔韧性、弹性的改善。

在划船机上进行健身时,要连贯地完成每一个屈伸动作,中间不要有明显的停顿。划行时要保持正确的身体姿势,动作做到位,动作幅度尽可能大,如果幅度太小,肌肉的伸展就不充分,锻炼效果就不理想。

有的健身者进行划船练习是为了减重、减肥,对于他们而言,划船机无疑是非常有用的有氧运动器材,锻炼时要将手柄的力度调到中低强度,每次练习至少半小时,中途适当休息,只有达到一定的强度,减肥效果才更明显。

以锻炼肌肉为主要健身目的的健身者也常常进行划船练习,这类健身者应该将手柄力度调到中等强度以上甚至是最大强度,如此可以很好地锻炼背部肌肉、手臂肌肉和腿部肌肉,可以使肌肉紧张的问题得到缓解,坚持下去,可以使背部肌肉更加健美。锻炼时要调整好呼吸,身体前倾时呼气,身体后仰时吸气。需要注意的是,如果划船练习单纯是为了锻炼力量,还应该与其他辅助性练习结合起来,如速度练习、协调练习、灵敏练习等,从而促进身体素质的全面改善与提升,整体提升身体健康水平。

第二节 轮滑健身

轮滑是一项非常时尚流行的全身性有氧运动,这项运动具有重要的健身功效,如改善呼吸系统机能、心血管系统机能,促进新陈代谢,增强肌肉力量,尤其是腰腹部力量和四肢肌肉力量,提升关节的柔韧性与灵敏性,改善身体平衡力和协调力。此外,轮滑作为有氧运动,还具有消耗热量、燃脂塑形、减肥瘦身的良好功效,这是其吸引大量女性参加的一个主要原因。本节主要对轮滑基本动作方法、健身注意事项进行分析。

一、轮滑基本动作健身指导

(一)站立

1. 平行站立

两脚平行分开同肩宽,脚尖稍内扣,屈膝降重心,重心在两脚间(图7-1)。

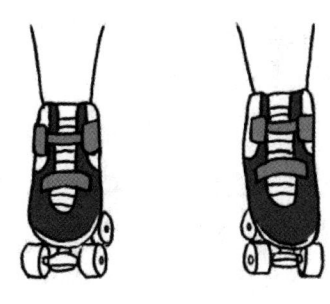

图 7-1　平行站立

2. "八"字站立

脚尖分开,脚跟靠近,上体稍前倾,屈膝降重心,重心在两脚间。站稳后双脚换平行站立(图 7-2)。

图 7-2　"八"字站立

(二)蹬地

以单脚蹬地,双脚向前滑行为例。左脚在前,右脚在后成"丁"字步站立,右脚内侧轮向身体侧后方蹬地,左脚尖稍向外撇向前滑行,重心移到左腿,同时右脚收成双脚着地,向前滑行。两脚交替蹬地,两臂自然摆动,上体适当前倾,肩部放松。

(三)滑行

1. 向前滑行

(1)前葫芦步

用双脚内刃支撑站立,起滑时身体稍前倾,屈膝用力,两脚尖向外,两臂张开以维持平衡。两脚向前外滑出直到最大弧线时,脚尖内收靠拢,成开始姿势。双脚连续分开与靠拢,不断向前滑(图7-3)。

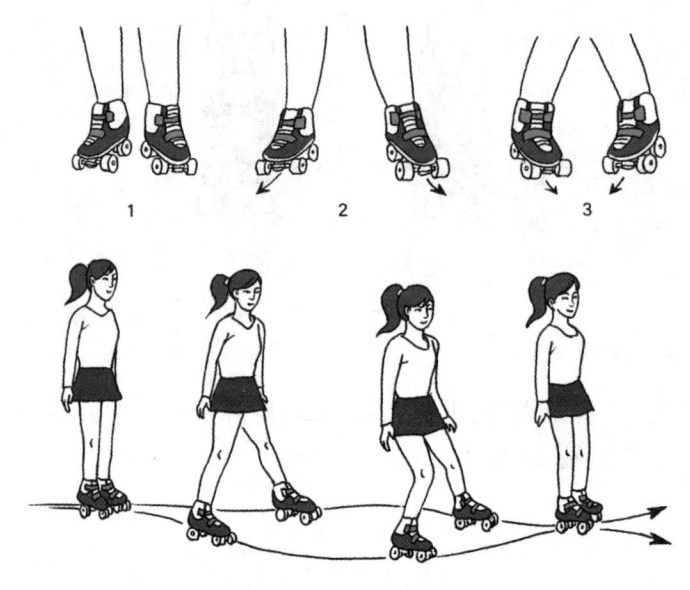

图7-3 前葫芦步

（2）前双曲线滑行

两脚平行开立,左脚用内刃向侧肩蹬地,重心移到右脚,向右滑双脚曲线,然后右脚以内刃向侧后方蹬地,重心移到左脚,向左滑双脚曲线,依次进行(图7-4)。

图7-4 前双曲线滑行

2. 向后滑行

以向后葫芦滑行为例,两脚平行开立,脚尖稍向内,屈膝降重心,两脚以内刃向前蹬地,同时脚跟分开,向后外滑到最大弧线时,脚跟收拢,膝关节伸直,回到开始姿势,如此重复,连续向后滑行(图 7-5)。

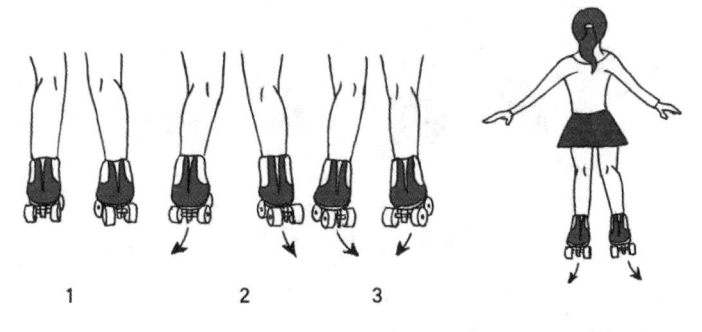

图 7-5　向后葫芦滑行

(四)停止

1. 内"八"字停止法

向前滑行中,两脚平行,然后脚尖内转,两脚内侧轮柔和压地,屈膝下蹲,上体稍前倾,两臂向前伸展以维持平衡,慢慢减速直到停下来(图 7-6)。

图 7-6　内"八"字停止法

2. "T"形停止法

单脚向前滑行,浮足在滑行脚的脚跟处,成"T"形,浮足慢慢着地,浮足以内侧轮柔和压地,慢慢减速直到停下来(图 7-7)。

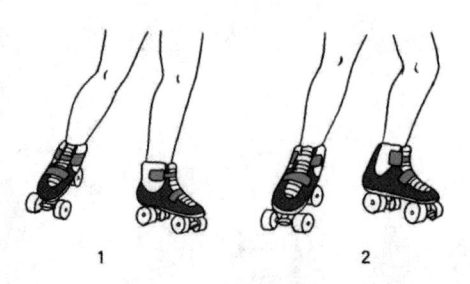

图 7-7 "T"形停止法

二、轮滑健身注意事项

（1）根据心率、脉搏调控运动强度，运动时最大心率不超过（220-年龄）×70%。

（2）每周锻炼 3～5 次，每次 30～60 分钟。

（3）练习前检查轮滑鞋是否紧固，检查练习场地是否安全，初学时戴好护具。

（4）锻炼前后注意适当补水。

第三节　健美操健身

健美操包括大众健美操、竞技健美操、表演健美操等类型，其中健身功效最为突出的是健身健美操，它是根据运动生理学、运动解剖学、体育美学等多元学科基础理论，为促进人体健康而编排的大众健美操活动。健身健美操动作大方，有一定的弹性和力度，针对性较强，相对简单易学，锻炼效果好。参与健身健美操练习，有利于充分锻炼身体各部位的肌肉、韧带和关节，促进身体形态的改善、身体机能的增强和身体素质的提升，还能陶冶情操，培养审美能力，提升气质，使人精神焕发、神采奕奕。本节主要对健美操健身方法展开实践研究和指导，包括热身活动、组合练习以及放松练习。

一、热身活动

在正式进行健美操练习前,要先做简单的热身活动,从而做好良好的身体准备和充分的心理准备,调动机体状态,从平静转化为活跃,从抑制转变为兴奋,从而在进入正式锻炼后使机体有很高的工作效率。做好充分的热身练习还具有预防运动损伤的作用。

健身前的热身练习主要是一系列的拉伸,运动负荷较小,注意不要做剧烈的热身活动,如跳跃等,以免过分消耗能量,较早出现疲劳状态,影响后面的练习。一般根据健身内容、健身目的和其他实际情况来安排热身时间和热身活动内容。热身时间以 15 分钟左右为宜,以身体感觉发热、微出汗为标准。如果天气较冷,时间可延长一些,从而改变身体各部位的僵硬状态,变得更加灵活;如果天气较热,热身时间也可以适当缩短,防止大量出汗和疲劳。

二、动感节拍套路练习

下面的动感节拍套路动作选自《全国健美操大众锻炼标准》中的一级套路,练习时注意把握好音乐节奏,控制好动作力度,根据健身需要而重复练习。

(一)组合一

1. 第一个八拍(图 7-8)

预备姿势:站立。

1 ~ 8 拍

步伐:右脚开始一字步 2 次。

手臂:1 ~ 2 胸前屈,3 ~ 4 后摆,5 胸前屈,6 上举,7 胸前屈,8 放于体侧。

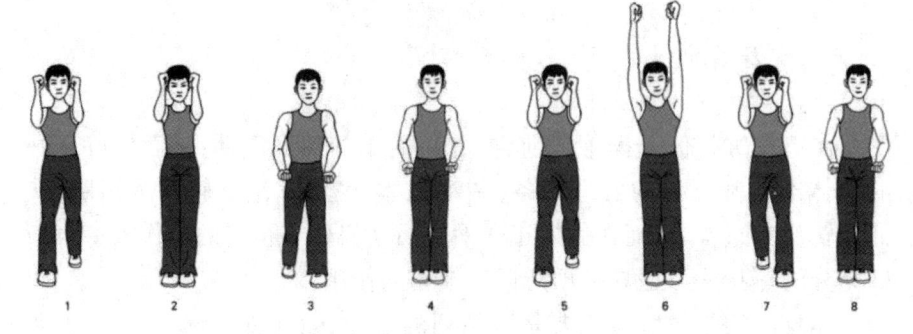

图 7-8　第一个八拍

2. 第二个八拍(图 7-9)

(1) 1~4 拍

步伐:右脚开始向前走 3 步吸腿。

手臂:1~3 双肩经前举后摆至肩侧屈,4 击掌。

(2) 5~8 拍

步伐:左脚开始向后退 3 步吸腿。

手臂:同 1~4。

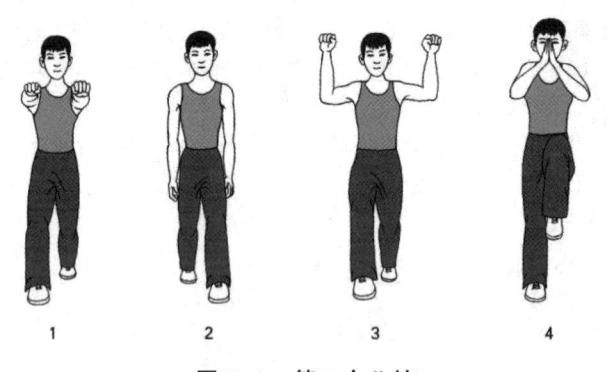

图 7-9　第二个八拍

3. 第三个八拍(图 7-10)

(1) 1~4 拍

步伐:右脚开始侧并步 2 次。

手臂:1 右臂肩侧屈,2 还原,3 左臂肩侧屈,4 还原。

（2）5～8拍

步伐：右脚开始连续侧并步2次。

手臂：5双臂胸前平屈，6还原，7～8同5～6动作。

图7-10 第三个八拍

4. 第四个八拍（图7-11）

（1）1～4拍

步伐：左脚十字步。

手臂：自然摆动。

（2）5～8拍

步伐：左脚开始踏步4次。

手臂：5击掌，6还原，7～8同5～6动作。

图7-11 第四个八拍

第五至八个八拍同第一至四个八拍，方向相反。

（二）组合二

1. 第一个八拍（图 7-12）

1~8 拍

步伐：右脚开始前点地 4 次。

手臂：1 屈臂右摆，2 还原，3 左摆，4 还原，5 右臂摆至侧上举，左臂胸前平屈，6 还原，7~8 同 5~6 动作，但方向相反。

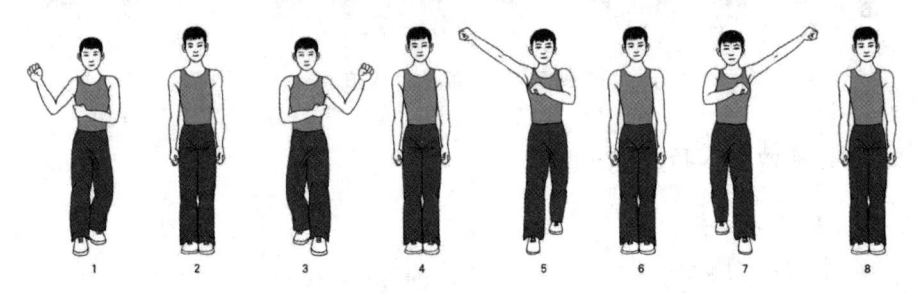

图 7-12　第一个八拍

2. 第二个八拍（图 7-13）

（1）1~4 拍

步伐：右脚开始向右弧形走 270°。

手臂：自然摆动。

（2）5~8 拍

步伐：并腿半蹲 2 次。

手臂：5 前举，6 右臂胸前平屈（上体右转），7 双臂前举，8 放于体侧。

图 7-13　第二个八拍

3. 第三个八拍(图 7-14)

1~8拍

步伐:1~4左脚上步吸腿右转转体90°,5~8右脚上步吸腿。

手臂:1前举,2屈臂后拉,3前举,4还原,5~8同1~4动作。

图 7-14 第三个八拍

4. 第四个八拍(图 7-15)

1~8拍

步伐:左脚开始向侧迈步后屈腿4次。

手臂:屈肘前后摆动。

图 7-15 第四个八拍

第五至八个八拍同第一至四个八拍,方向相反。

(三)组合三

1. 第一个八拍(图 7-16)

(1)1~4拍

步伐:右脚向右交叉步。

手臂:1~3双臂经侧至上举,4胸前平屈。

（2）5~8拍

步伐：左脚向右迈步成分腿半蹲。

手臂：5~6前举，7~8放于体侧。

图7-16 第一个八拍

2. 第二个八拍（图7-17）

（1）1~4拍

步伐：右脚开始侧点地2次。

手臂：1右臂左前举，左臂屈肘于腰间，2双臂屈肘于腰间，3~4同1~2动作，但方向相反。

（2）5~8拍

步伐：右脚连续2次侧点地。

手臂：同1~2，重复2次。

图7-17 第二个八拍

3. 第三个八拍（图7-18）

1~8拍

步伐：左脚开始向前走3步接吸腿3次。

手臂：1双臂肩侧屈外展，2胸前交叉，3同1动作，4击掌，5肩侧屈外展,6 腿下击掌,7～8 同 3～4。

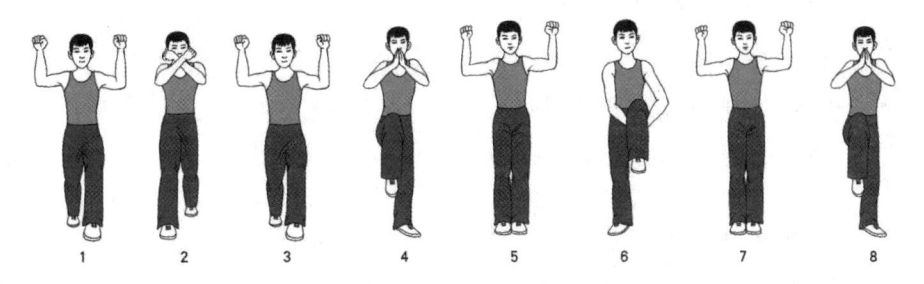

图 7-18　第三个八拍

4. 第四个八拍

1～8 拍

步伐:右脚开始向后走 3 步接吸腿 3 次。

手臂:同第三个八拍。

第五至八个八拍同第一至四个八拍,方向相反。

(四)组合四

1. 第一个八拍(图 7-19)

1～8 拍

步伐:1～4 右腿开始 V 字步,5～8 A 字步。

手臂:1 右臂侧上举,2 双臂侧上举,3～4 击掌 3 次,5 右臂侧下举,6 双臂侧下举,7～8 击掌 2 次。

图 7-19　第一个八拍

2. 第二个八拍（图 7-20）

（1）1～4 拍

步伐：右腿开始弹踢腿跳 2 次。

手臂：1 前举，2 下摆，3～4 同 1～2 动作。

（2）5～8 拍

步伐：右脚连续弹踢 2 次。

手臂：5 前举，6 胸前平屈，7 同 5 动作，8 还原体侧。

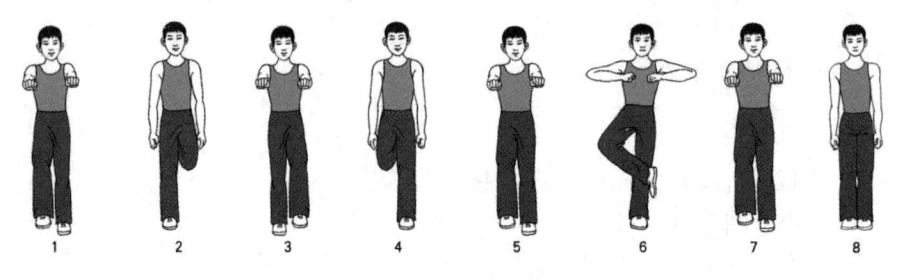

图 7-20　第二个八拍

3. 第三个八拍（图 7-21）

1～8 拍

步伐：左腿漫步 2 次。

手臂：自然摆动。

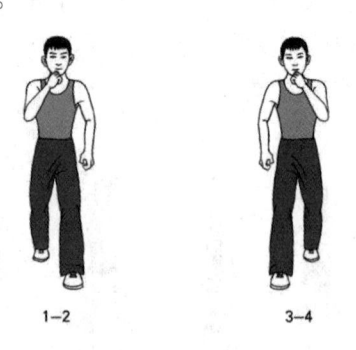

图 7-21　第三个八拍

4. 第四个八拍(图 7-22)

1~8拍

步伐:左腿开始迈步后点地 4 次。

手臂:1~2 右臂经肩侧屈至左下举,3~4 同 1~2,方向相反,5~6 经侧下举至左下举,7~8 同 5~6,方向相反。

图 7-22 第四个八拍

第五至八个八拍同第一至四个八拍,方向相反。

三、放松练习

在健身健美操练习的最后要做必要的放松练习,这是健美操健身中不可或缺的一部分,应该引起健美操爱好者的重视。科学的放松练习具有以下几方面的积极作用。

第一,放松练习可以促进血液循环和心脏血液的回流,使心脏功能恢复正常状态。

第二,放松练习能够缓解神经系统和其他身体器官的紧张状态,使整个身体状态逐渐恢复平静。

第三,通过做放松运动,可以快速消除乳酸,使肌肉收缩能力和弹性保持良好,防止肌肉僵硬。

健美操练习结束后,进入放松活动环节时,可以适当做一些线条性的抻拉练习,动作幅度大一些,以促进身体快速恢复。

第四节　广场舞健身

广场舞是一项以集体参与为主要特征的健身舞运动,常见的广场舞大都是徒手健身舞蹈,主要在广场、公园等宽阔平坦的场地进行。广场舞具有典型的自发性、自娱性、广泛性、开放性以及集体性等特征,群众自发组织和参与广场舞,集体随音乐节奏而跳舞。广场舞的动作比较简单,音乐有很强的节奏感,多选择欢快的曲目作为配乐,使舞者感到轻松愉悦。广场舞具有强身健体、陶冶情操、提高社交能力等积极作用,从而成为中老年人日常生活中的主要锻炼方式之一。本节主要介绍广场舞的常见舞步和成套动作,从而为健身者提供实践指导。

一、广场舞常见舞步

(一)6步

1～2:右脚向前迈一步,左脚随后向前跟上;
3:右脚向前再迈一步;
4:左脚向右脚后方点步交叉;
5:左脚向左跨一步,与右脚在同一平面;
6:左脚在右腿前上方抬起。

(二)16步

1～8:右脚向前一步点地,左脚抬、放;右脚再向后一步点地,左脚抬、放(重复一次);
9～10:右脚向前迈一步,左脚紧跟垫步;
11～12:左脚向前迈一步,右脚紧跟垫步;
13～14:右脚向右上方迈出90°,左脚随后向相同方向迈步紧跟;
15～16:右脚再向右上方迈出90°,左脚继续向相同方向迈步紧跟。

(三) 18步

1~2：左脚向左移动一步，右脚同样左移；

3~4：右脚向右移动一步，左脚再随之跟上；

5~8：左脚向前移动一步点地，再向后移动一步点地，然后再向前移动一步点地，右脚向左脚前方移动与之交叉；

9~10：左脚向左前方移动一步点地，右脚随之跟上；

11~12：左脚向左迈出90°，然后右脚向左移动一步点地，跟上左脚；

13~14：右脚向右移动一步成90°，左脚向右脚后移动与之交叉；

15~16：右脚向右移动一步成90°，左脚向右脚移动一步点地；

17~18：右脚向左移动一步成90°，左脚向左移动一步点地。

二、广场舞成套动作健身练习——《天使华尔兹》(16×3拍)

(一) 预备姿势

面向1方位，两臂在身体两侧平举，稍弯曲右腿，左脚向右前方迈步点地。

(二) 侧并步

步伐：

1拍，左脚向右前方上步；

2拍，右脚向右侧移动一步，左脚向右脚靠拢；

3拍，右脚再向右侧移动一步。

手臂：

两臂在体侧平举。

(三) 上步转体180°造型

步伐：

1~2拍，左脚向3方位上步，同时右转180°成虚步（右脚在前），面向7方位；

3拍，保持2拍姿势，重心移到右脚上。

手臂：

两臂下垂。

（四）左转 180°

步伐：

1 拍，左脚向前移动一步，面向 7 方位；

2 拍，右脚向前移动一步并左转 180°；

3 拍，左脚向右脚并拢，面向 3 方位。

手臂：

上摆至三位手。

（五）后退基本步

步伐：

1 拍，右脚向后退；

2 拍，左脚向后退；

3 拍，右脚向左脚并拢。

手臂：

经前自然落于体侧。

（六）斜前基本步

步伐：

1 拍，左脚向右前方迈一步与右脚交叉；

2 拍，右脚再向前移动一步；

3 拍，左脚向右脚并拢。

手臂：

左臂向下绕环经三位手至七位。

（七）右转 180°

步伐：

1 拍，右脚向左脚前方移动一步；

2 拍，右脚向右迈步并右转 180°；

3 拍，右脚向左脚并拢，面向 7 方位。

手臂：

右臂向下绕至三位手，左臂下垂。

（八）上步造型

步伐：

1拍，左脚向前方迈步；

2拍，右脚跟进左脚，且脚尖在左脚弓处点地；

3拍，在2拍动作的基础上右脚屈膝点地。

手臂：

左臂上摆至三位手，右臂下垂。

（九）后退基本步

步伐：

1拍，右脚向后移动一步；

2拍，左脚紧跟右脚，同时左臂向下摆动到体侧；

3拍，右脚继续向后移动一步。

手臂：

左臂经体前下落。

（十）前吸腿左转180°

步伐：

1拍，左脚向前迈步，面向7方位；

2~3拍，右腿前摆经前吸腿，以左脚为轴向转体180°，面向3方位。

手臂：

左臂摆成三位手。

（十一）右转180°

步伐：

1拍，右脚向前下落着地；

2拍，左脚向左侧迈步，同时右转180°；

3拍，右脚向左脚靠拢，面向7方位。

手臂：

右臂经前后绕1周至三位手。

（十二）左转180°

步伐：

1拍，左脚向前迈步；

2拍，右脚向前迈步，同时左转180°；

3拍，左脚向右脚并拢，面向3方位。

手臂：

左臂成三位手。

（十三）右侧弓步造型

步伐：

1拍，右脚向右迈步；

2拍，左脚向左侧移动点地，成右弓侧步姿势，面向1方位；

3拍，2拍姿势保持不动。

手臂：

两臂前落外摆成高低手。

（十四）左转270°

步伐：

1拍，左脚向7方位上步；

2拍，右脚向7方位进步，同时左转180°；

3拍，左脚向右脚靠拢，身体再向左转180°，面向3方位。

手臂：

左臂成三位手。

（十五）斜前基本步

步伐：

1拍，右脚向左前方迈步与左脚交叉；

2拍，左脚向前迈步；

3拍，右脚向左脚并拢。

手臂：
右臂内绕至三位手,左臂侧举。

(十六)上步造型

步伐：
1拍,左脚向右前方迈步,与右脚交叉；
2拍,右脚向右侧点地；
3拍,2拍姿势保持不变。
手臂：
两臂下落成一位至七位手。

(十七)交叉转体造型

步伐：
1拍,右脚退向左脚后方,面向1方位；
2拍,以两脚为轴右转270°至7方位；
3拍,左脚前伸点地,右腿屈膝。
手臂：
右臂前举,左臂后举。
身体从1方位经5方位转体至7方位。

第八章
健康中国视域下不同人群的体育健身指南

健康中国战略是我国政府推出的一项长期发展战略,它与我们的社会发展和国家建设的许多方面都密切相关。因此,它需要全国各个行业、各个年龄阶段、各个领域的所有人群都要积极参与。然而,我国人口庞大,在全国范围内推荐一项活动的难度可想而知。它需要针对不同人群进行充分的分析,根据其年龄特征、运动诉求、身体条件等几个不同维度的客观情况进行分类,并给出科学合理的健身指南,才能保证健康中国战略顺利地开展下去。本章将从不同年龄人群的体育健身、女性群体的体育健身以及特殊群体的体育健身三个方面进行阐述,试图从最重要的角度入手,尽量全面地涵盖不同群体对体育运动的诉求,并据此给出科学可行的健身指南,希望为我国来自各个群体的体育健身爱好者提供一份翔实的、可靠的、具体且安全的健身运动指南。

八

第一节 不同年龄人群的体育健身

一、少年儿童的体育健身

（一）少年儿童的身心特点

少年儿童生长发育的一般规律是指少年儿童在生长发育过程中所共同具有的一般现象。虽然可能由于种族、环境、营养、体育锻炼、疾病或遗传等因素的影响，会表现出形态、机能、体能、性成熟等方面的个体差异，但一般规律仍然是普遍的，具有一定的恒常性，可以作为少年儿童进行体育健身的基本参考标准。

1. 由量变到质变的发育过程

人体的生长发育是从不停歇的、每时每刻都在进行的生物过程，是由无数个不易觉察的细小量变逐渐过渡到质变的复杂过程。自儿童期开始，人体的形态由小到大、由轻到重的改变是十分明显的。因为儿童少年时期是人体生长发育的黄金时期，机体各个组织和器官在不断地分化，快速地发展逐渐趋于成熟。这一生长发育过程最大的特点就是从量变到质变，呈现飞跃式的增长。

2. 发育速度呈波浪式

人体的生长发育不是呈直线保持匀速上升的，而是以波浪式、快慢交替地进行。也就是说，在某一个阶段发育很快，形体的变化也较为明显；而在某一个阶段又相对较慢，发生的变化也不易察觉。比如，人的身高和体重是最为明显的两个体征。从胎儿到成人，人生有两次突增期或生长发育高峰时期。第一生长高峰期是由胎儿时期开始至出生后的一年内。随后，个体的身高、体重两个生长指标的增加处于相对稳定的增长期。当进入青春期之后，一般是指 10 岁至 20 岁之间这段时期，个体的身体生长发育速度出现了第二次高峰，随后机体发育速度相对减慢，直到机体发育成熟为止。在两次生长发育高峰期内，人体的身高、体重都呈现出快速发育变化的特性。

3. 生长发育是不均衡的

儿童少年时期的身体发育呈现不均衡但又协调统一的特征。在胎儿发育时期，身体各部分的发育呈现为头尾发展规律，即胎儿头颅约占身体的二分之一。婴儿出生后，身体发育遵循"向心律"的生长发育规律，也就是下肢发育快于上肢、四肢发育先于躯干、身高发育先于体重的特征。每个人从自己刚出生到发育成人的全过程中，机体的下肢、上肢、躯干分别比胎儿增长了四倍、三倍、两倍，但是个体的头部只增长了一倍。并且，机体各个器官、系统的发育也是不均衡的，有早有晚。尽管如此，但是整体而言，人体各器官、系统的发育是与自身的机能相适应的，并且彼此的发育有着一致性和相关性。

（二）少年儿童的体育运动

人生难得是少年。可见青少年是人生最美好的时期，他们的身体发育趋于完善与成熟。这一时期可以说是人生中的黄金时期。青少年在各个方面都具有极大的可塑性，如果他们在这一时期进行科学有效的体育健身，会得到非常好的效果，并且令他们终身受益。我国的少年儿童正处于义务教育时期，因此他们会接受较为系统的体育训练，对力量、耐力、速度、柔韧、灵敏等各项身体素质都有着系统的训练计划。同时，也会开展各种体育项目的兴趣培养和技能训练，如乒乓球、足球、羽毛球、游泳、跑步、跳高、跳远等等。

二、青少年的体育健身

（一）青少年的身心特点

青少年进入了人体的第二发育高峰期，他们的身体在各方面都表现出快速的生长发育样貌。与此同时，他们的心理发展也进入关键时期，是形成个性以及养成意志品德的重要时期。在此阶段，青少年的学习任务较重，因此加强身体锻炼更加重要。体育锻炼能促进青少年的身体健康，为他们的学习生活提供良好的前提条件。

(二)青少年的体育运动

青少年的身体发育趋于完善与成熟。他们正处于青春期的重要时期,不适宜进行过大的力量训练和耐力训练,但随着肌肉和心血管系统的发育成熟,16～18岁后可加大肌肉力量和耐力训练的强度,适当增加训练负荷和训练时间。20岁之后,可进行超长距离项目的训练,如长跑和马拉松。提高青少年的体能可以充分利用课间活动、体育课、家务劳动的机会,每天各种体力活动累计达1个小时为宜。原则上是保证耐力训练每天进行,力量训练隔日进行。下面是关于青少年健身的一个常规计划。

1. 运动强度

开始用60%最大心率,每两周递增负荷5%,最高不超过85%的上限。

2. 运动时间

最初以20分钟的慢跑开始,然后每两周递增5分钟,直至达到45～50分钟为上限。

3. 运动频率

耐力训练每天进行,力量训练隔日进行。球类运动或者慢跑等有氧运动可以每周2～3次,下午运动最好。最多每周5次。

4. 运动方式

以有氧运动为主,包括慢跑、游泳、自行车、登山、健步、足球、篮球、健美操、器械力量训练等。

以自行车运动为例,每周1～2次,速度不小于25千米/小时,运动心率控制在125～150次/分之间。或者每周进行2～5次的平板支撑,以提高腰腹的核心肌群的力量。

三、中年人的体育健身

（一）中年人的身心特点

中年人的身体素质在逐渐达到巅峰之后，处于由盛转衰的转折时期。从社会角色来看，中年人正是人生的壮年，是社会建设的中流砥柱，无论在社会上还是在家庭里，都肩负着较重的责任和压力。因此，在这个时期的体育健身更有现实意义，中年人的体育健身既有保健的功能，也可以让他们能够更好地保持精力，更好地投入社会生产建设中。

但是和青少年不同的是，中年人虽然处于年富力强时期，但是由于先天或者后天的原因，他们的身体开始出现一些亚健康的问题。因此，在进行体育健身的时候，要注意量力而为，选择恰当的训练方法和运动形式，不能盲目追求力量、速度、耐力的提升。基本上应该遵循以下几个原则。

1. 安全性第一

在这个时期一定要进行系统的身体形态、体能和相关疾病存在可能性的检查，这是保证运动健身安全的重要环节。

2. 运动强度要合理

这个群体的人们肩负社会、家庭两种责任，一直处于高压力状态，若运动强度过低达不到健身效果，过高又会加重工作之后的疲劳，因此锻炼强度一定要合理。

3. 持续性是关键

由于工作繁忙，中年人锻炼常常三天打鱼，两天晒网，难以养成习惯，健身效果很难有实效。所以一定要根据不同人的不同情况制订合理的方案，才能保证其有效地实施。

（二）中年人的体育运动

1. 运动强度

尽管中年人的身体素质差异较大，情况各有不同，但是根据一些统计数据显示,较适宜的运动心率范围在 130 ~ 150 次 / 分钟。此时机体的心脏每搏输出量最大,从而使体育健身的效果最好。但是持续时间需要循序渐进地增加,量力而为最重要。

2. 运动方式

(1)对于有一定的健身基础且身体素质较好的人群,他们的机体耐受力比较大,可以选择一些运动量较大的项目,如运动强度较大的长跑、健身车、登山、游泳、网球、拳术、剑术等。

(2)对于不经常运动或者没有健身基础的人群,在生理上需要一个运动适应的过程,因此他们刚开始健身时要从低频低强度的运动方式开始,遵循循序渐进、由简单到复杂的原则进行。比如,开始的时候可以选择健身走、慢跑、太极拳、保健气功等。经过一段时间的运动后,再根据各自的身体情况,逐步增加运动时间和运动强度,以便最终达到提升身体素质的目的。

(3)体质较弱者应从轻量的运动开始。比如,散步、健身走、健身跑等逐渐增加运动强度,每次运动不超过 30 分钟,增加运动间歇的休息时间等等。

(4)一些患有慢性疾病的中年人更加应该加强体育锻炼,因为通过科学合理的运动可以很好地改善身体机能,可以帮助他们恢复至较好的健康水平。比如,对于患有心血管疾病的人群而言,应以改善心血管功能的健身方式为主,如放松气功、自我按摩等。而患有呼吸系统疾病的人群,应选择可以增加肺活量和肺通气量的健身项目,如呼吸体操、太极拳、保健按摩等。有神经系统疾病如中风后遗症,应以能促进神经肌肉功能恢复的项目为主,随着身体状况的好转而逐渐增加运动量和运动强度。

四、老年人的体育健身

(一)老年人的身心特点

1. 老年人的身体特点

目前,我国已进入人口老龄化的时期。对于一个人口基数如此庞大的国家这是一个非常重要的、需要尽快采取相应的对策和有效的措施来缓解压力。其中，鼓励老年人加强体育锻炼，通过运动健身达到增强体质是一个简单而有效的方法。但是，老年人是冠心病、高血压、高血脂、糖尿病等老年病易发群体，大多数老年人都患有一些基础病，这是妨碍他们进行大量体育运动的不利因素。何况，本来老年人的身体各项机能已经逐渐衰老和退化。但是尽管如此，坚持恰当的体育锻炼都是提高或保持老年人身体健康的最佳选择。因此，工作的重点应该是如何提高老年人的健康意识和运动观念，引导老年人进行科学的、有效的以及与他们自身情况相适宜的体育健身活动。通过选择合适的运动方式，营造良好的社区运动氛围，让老年人能够以比较便捷的方式坚持体育锻炼，这是保持他们身心健康的有效方式。

2. 老年女性的身心特点

以我国的文化习俗来看，老年女性尽管已经退休或者不作为社会生产的核心人群。但是在家庭这个私人场域内，老年女性是家中的核心人员，仍然担负着重要的家庭责任和养育任务。就中国人的家庭观念和代际养育方式，老年人是帮助子女看护孙子或者外孙的主要力量。因此，多数的老年女性还肩负着繁重的家务工作，他们是陪伴、接送、看护、养育他们的第三代子孙的核心人员。而留给他们自己的休闲娱乐或者锻炼时间其实是比较有限的。就目前来看，很多社区的体育活动还是以晨练为主要形式。绝大多数的老年女性都是选择在每日清晨进行锻炼，以健身操、健步走为主要运动形式。因为老年人习惯了早睡早起，当全家人还在睡梦中的时候，她们正好可以参加社区的体育锻炼。而白天和晚上这段时间，她们要忙于家务没有时间进行锻炼。因此，要组织老年女性的体育锻炼活动，首先要清楚她们的生活安排和作息习惯。

另外，老年女性的另一个特点是喜欢结伴运动。相对于单独进行体育锻炼而言，参加集体性的活动对老年女性更有促进作用。比如，群体性的健步走或者健身操、太极拳类的运动形式，可以让她们更有参与的热情和坚持的动力。因为，集体性体育运动对于她们而言，不仅仅是运动的场所，也是社交的机会，是她们讨论生活话题、娱乐身心的主要渠道。

3. 老年男性的身心特点

和老年女性相比，老年男性在进行体育锻炼时对集体没有那么强烈的依赖感。他们可以独自进行跑步、打拳、钓鱼、游泳,也可以和三两个同好相约一起进行锻炼,比如冬泳、打球等。而大规模的集体性健身活动对他们没有太大的吸引力。但是,如果是竞赛性或娱乐性的体育运动,或许更能激发他们的参与热情。他们乐于组织、协调或者参与竞争,这和大多数男性都具有竞争的心理机制有关。因此,在组织老年男性进行体育运动的时候,要抓住他们的心理特点,筛选符合他们性格特点的活动形式。只有这样,才能真正地促进他们积极参加社区的体育运动。

4. 老年人的组织特点

针对老年人的生活作息和活动范围这些特点,应将社区、街道、老年活动中心设置为他们的主要运动场所。积极开展丰富的文化体育娱乐活动,比如舞蹈、健身操、太极拳、太极剑、柔力球、韵律操、健步走、爬山、踢毽子等适合老年人进行的运动形式,加强组织以社区为单位的集体性老年体育活动。还可以定期组织社区间的友谊赛,以增强老年人的运动动力和积极性。还有一些球类项目如乒乓球、羽毛球、台球等也适合组织老年人进行不定期的小组比赛。

在夏季可以组织集体的游泳、垂钓等活动。这不仅可以丰富老年人的文化生活,增加他们的生活情趣,还能很好地达到锻炼身体的目的,可谓一举多得。通过组织这些活动,还可以调动老年人的社会活动能力,使他们更具参与感和责任感。比如,可以对活动进行人员的动员与组织,对场地的使用进行谈判和协商,甚至有能力的老年人还可以通过自己的社会活动能力,拓展活动资金的筹措渠道,保障活动能够有组织、有计划、有规模地进行。有些活动适合早晨进行,比如一些常规的健身操、太极拳等;有些则适合周末或者节假日进行,比如一些乒乓球比赛、游泳比赛等。总之,组织老年人的体育运动应从老年人的身体特点和实际生活需要出发。活动内容尽可能丰富多样、形式灵活,尽可能地多以集体的形式展开,以增加老年人的社会交往空间,避免长期仅在狭小的个人圈子里活动而产生孤独的心理。通过组织集体性的体育运动,达到帮助老年人舒畅身心的目的。

(二)老年人的体育运动

老年人在进行体育运动时要注意以下几个基本原则。

1. 严格的身体检查

对老年人来说，在正式参加体育运动之前，首先要进行严格的身体检查。这是一个非常重要的环节，每个人到这个年龄都会有一些潜在的基础病或身体问题，只有限定运动的安全界限和有效界限才能确保老人锻炼的安全可靠。

2. 加强针对性

老年人的体育锻炼目标性更强。他们在选择运动形式的时候，不仅要考虑时间、场地以及运动强度，更重要的是能够针对他们自身的健康情况进行调节。比如一些关节不适的老年人会选择游泳项目，而心肺功能不好的老年人会选择健步走、健身操等有氧运动形式。总之，老年人的运动其实更加强调个性化，才能更符合他们的运动诉求，得到较理想的运动效果。

3. 要持之以恒

老年人的运动不宜追求高强度和高频率，而重在养生。因此，对于他们而言更重要的是持之以恒地长期坚持下去，使身体保持一定的灵活性，维持其重要的功能。在持之以恒的前提下，身体条件允许的老年人，也可以适当地增加运动强度，以循序渐进为原则逐步提高运动量，从而达到更好的健身效果。

4. 灵活易变通

老年人的体育运动应该保持一定的灵活性，不必教条地一定要完成预期的运动计划，他们健身的根本目的是增强体质，而非参加竞赛。即使参加一些竞赛活动也是以娱乐为主要目的，因此运动过程中要量力而为，不可勉为其难。并且，如果难度过大或者强度过大，老年人不容易学习和适应，就不易于坚持下去。

5. 运动方式

因老年人年龄的特殊性，其运动方式主要以有氧运动的散步、登山、太极拳等比较多见。为了锻炼局部的力量也可以练习举小沙袋、握小杠铃、拉轻型弹簧等。

6. 运动强度

老年人运动强度的设置因健康状况和体力强弱的不同而不同,但是推荐以较低强度的运动形式为主,控制最大心率在60%上下。通常运动时间以半小时为宜,然后进行充分的休息。

7. 运动时间

一般强度较低的有氧运动如健身操可每日进行,那样效果最好。体能较弱的老人可以每周健身2～3次。待适应后可以慢慢增加频率,但是都以自身的感受为重要衡量依据。并且,在任何时候如果觉得疲劳或者不适,都要立即停下来休息,以深呼吸进行调节等。

第二节　女性群体的体育健身

现代社会中,女性群体越来越多地活跃在竞技体育事业以及大众体育活动中,也发挥着不可替代的重要作用。因此,在健康中国视域下,女性群体的健身具有重要的社会意义。现代女性不仅仅撑起了社会生产建设的半边天,同时也是主导着家庭活动的核心角色。无论是社会、家庭还是她们自身,对健康都有着具体而明确的目标追求。她们不仅满足于对物质生活的追求,开始更多地追求身体健康和心理健康,而科学有效的体育健身活动是保障身心健康发展的重要因素。并且,规律的健身运动也是保证现代女性在职场保持精力充沛的重要条件。同时,长期的健身活动还可以让女性保持匀称的体型和自信的态度,以及时尚健康的个人形象,这些都是现代女性共同追求的目标。因此,对女性体育健身的研究具有重要的社会意义。

一、女性健身的现状

(一) 女性健身的错误认识

在科学健身理念在我国逐渐推广的过程中,虽然有越来越多的人了解到科学健身的意义，但是不得不承认，时至今日仍然有相当一部分女性对健身存在着一定的误区。比如一些女性虽然也经常保持锻炼，但是效果却始终不理想，通过研究发现，主要原因是其锻炼方法和理念还存在着一些明显的问题。以下是目前主要影响我国女性健身正常发展的主要几个原因。

1. 以瘦为美

就目前我国社会各方面的文化舆论来看，整个社会基本上对女性的审美价值观较为单一，甚至是狭隘的。尤其年轻女性，普遍追求以瘦为美。当然，过度的肥胖是健康的一大杀手，但是过度瘦弱同样也是病态的体现。不得不提出的是，当下的文化娱乐产品在这一过程中起到了重要的误导作用。由于一些影视明星的职业特殊性，以及扭曲的价值观和审美观，一味地追求骨感美，有些明星甚至因为过度减肥而导致贫血和厌食症。在这样的社会背景下，普通的年轻女性应该对健康和美具有更理性、更客观的认识。真正的美首先应该是健康的、充满生命力的，而不是苍白的、病弱的。总之，过度瘦弱和过度肥胖都是不健康的表现。现代知识女性应该有觉悟、有意识，进行独立思考，主动树立正确的价值观和审美观，积极开展体育健身活动，树立新时代的健康女性形象。

2. 节食减肥

现代女性的另一个对健身的误解是以为通过节食就可以达到健康的目的。这显然是错误的、落后的观念。人体每天必须摄入一定的营养和热量才能维持机体的正常运转，过度节食会给健康带来严重的损伤。科学的体育健身还要包含科学的饮食和作息，比如一日三餐的营养搭配，睡眠时间的保证等等。只有在这样的基础上进行体育锻炼，才能达到比较理想的效果。如果想仅仅凭借节食瘦身减脂，显然是非常片面的，甚至是错误的。

3. 担心练成"肌肉男"

还有一部分女性的担忧是来自另一个错误观念，即担心长期进行锻炼后会练出"肌肉"，这其实是缺乏人体生物学知识的表现。其实相对于男性而言，女性长肌肉是相当困难的。因为女性身体的雄性激素只有男性身体雄性激素的十分之一，所以不会训练得像男性一样肌肉发达。

很多职业运动员女性的举重、摔跤运动员,她们的肌肉并非一朝一夕练就出来的,只有经过长期的、系统的、科学的训练指导下才会练出一定的肌肉之美,而且还要配合一定的饮食和休息才能实现。因此,对于大多数的普通健身女性而言,大可不必担心自己会练出肌肉而放弃健身。

(二)女性健身的不良习惯

随着社会的发展,人们生活水平的提高,越来越多的女性都希望通过体育运动增强自身身体素质,达到健康和塑形的效果。但是由于缺乏相应的健身知识,很多喜欢健身的女性也存在着一些不良的或者错误的健身习惯,主要表现在以下几个方面。

1. 侧重单项锻炼

这其实是大多数业余体育健身者的常见的问题,在女性健身群体中就更加多见。首先,女性健身通常是以减脂和塑形为主要目的,比如有的女性想减腹部脂肪,就拼命练习腹部,其他部位完全不管。如果是一个常年缺乏锻炼的女性,突然进行大量的腹部训练,这样不仅达不到减腹的目的,还有可能因为超强度训练造成腰部受伤。一般而言,进行任何运动都需要一个循序渐进的过程,由少量负荷逐渐开始锻炼。而减脂运动主要是通过一定时间和一定强度的有氧运动以及力量练习来实现的。减脂运动一般都是经过有氧运动逐渐实现的,而且身体上脂肪的消耗都是全身上下同时进行的,不存在只在局部减脂的情况,更不是练哪里减哪里,而且如果选择的项目不对,效果可能十分有限。因此,体育健身要讲求科学性和系统性,不可想当然地进行,需要在专业知识的指导下循序渐进地进行训练,才能产生良好的效果。

2. 一味追求运动时间

一味地强调运动时间也是一种错误的习惯。有一些女性认为运动时间越长越好,因此,有些人怀着临时抱佛脚的心理,想在短时间内"搞突破"。比如,一些年轻女性一时心血来潮,希望短期内实现瘦身的目的,于是办了健身卡之后,每天都在健身房泡上5个小时,以为这样就能实现目的,结果当然是否定的。运动时间和运动效果并不是简单的正比关系。相反,如果不顾人体能量代谢规律,不顾身体的生物性极限,盲目进行透支体能的训练,很可能会造成严重的健康问题。因此,好身材是一个长期坚持的结果，需要持之以恒地进行训练。

二、女性科学健身的主要方法

（一）高频率低强度

女性进行体育健身要以高频率低强度为基本准则。由于女性的身体素质较男性相比更为柔弱，力量较差但是耐力较好，应该针对这一特性展开身体锻炼。尤其在刚开始进行锻炼时，提高频率并降低强度可以很好地调动其身体的适应性，也不会过度疲劳，是非常适合女性的健身方式。而且，对于大众健身而言，一个有效的长期计划才更符合大众的实际需求，因为普通健身者没有必要在短期内追求明显效果。采用高频率低强度的训练方式，既符合女性的生理特性，又可以有利于保持女性体力的稳定性。此外，强度过大的健身活动对女性的身体和心理压力都会增大，长期来看不利于运动的坚持，因此要避免高强度的训练。而频率过低则不容易养成身体记忆，也不利于习惯的养成，因此，女性的体育健身以保持高频率和低强度的方式进行最为有利。

（二）持之以恒是关键

对于大众健身而言，持之以恒是最重要的原则。因为没有强烈的约束力，大众进行体育健身有很大的随意性。常常表现为断断续续，甚至是三分钟热度。有很多女性在意识冲动下办了一张为期两年的健身卡，结果只坚持了一个月就再也提不起兴致。这不仅是经济上的浪费，而且对健康几乎没有任何帮助。体育健身是一个长期过程，只有坚持一段时间的锻炼之后身体才会逐渐呈现出效果，才会给人带来激励作用。有人坚持两个星期就希望看到立竿见影的效果显然是不现实的。因此，在准备体育健身之前，尤其女性朋友应该对运动有合理的预期。另外，所谓有效运动是指由运动强度和运动时间所达到的运动量。刚刚开始运动或长时间没有运动的人，最初一两次运动一定要注意减轻强度，给身体一个逐渐适应的时间，以免对身体造成伤害。

（三）有氧无氧相结合

女性健身预期应该注意让有氧运动和无氧运动相结合。先进行一定的有氧运动，可以提高机体的有氧耐力以及有氧代谢能力，如慢跑、游泳、舞蹈和健美操等非常适合女性健身。同时为了塑造形体美,建议女性健身者还要结合一定的无氧训练,比如结合一些哑铃等器械进行局部的力量训练,可以很好地起到塑造曲线的作用。因为单纯的有氧运动主要作用是减脂,并不能塑形。比如长期进行慢跑的人整体上身体呈现比较轻盈的体态,如果想具有更丰满的体态,可能就要借助无氧训练达到目的。总之,女性健身者可以根据自身的身体情况和健身目的选择最适合的自己的运动方式。但是整体而言,选择有氧运动和无氧运动同时进行,无论是为了更健康还是更健美,效果都更加明显。

(四)饮食休息同样重要

完整的科学健身计划应该包含训练计划、饮食计划和保证良好的睡眠。在运动前要做好充分的热身准备,运动后也要进行一定时间的整理活动以帮助身体进行积极恢复。运动后适量补充水分、蛋白质和碳水化合物,以保证身体能量的及时补充。对于想增肌的健身者,运动后要补充大量的蛋白质,尽量避免脂肪含量高的食物。另外,运动后切记不要立刻大量饮水,否则会对胃肠、心脏和胰脏等脏器增加过大的负担。正确的方式是小口慢慢饮水,这样的饮水方法更有助于身体的吸收。

第三节　特殊群体的体育健身

特殊群体一般指的是残障人员和一些有特殊身体状况的人群。比如由于先天或后天的原因,通过医学检查有各种不适于剧烈运动的疾病,或者手术后、病愈恢复期,或因肥胖或瘦弱而运动困难的一些特殊人群。健身对于这些特殊群体的人而言,有着比普通人更加重要的意义,他们对健康有着更为迫切的需求。在健康中国视域下,国家和社会应该积极关注特殊群体的体育健身活动,给予足够的支持和帮助。同时,特殊群体也应该积极响应和拥护国家的发展部署,共同构建健康、和谐、发展的社会主义文明社会。

一、残障群体的体育健身

据统计 2018 年的统计数据,中国残障人员数量超过 8 500 万人,占我国总人口的 6.2%。截至 2018 年,我国建立并投入运用的残障人员综合服务设备有 2 000 多个,总面积达 500 万平方米以上,总投资额 140 亿元以上,在整体的体育投入占比为 1%。残障人群由于身体缺陷、场地资源有限、经济能力有限以及健身机构和教练不完善等各种原因,在发展身体健康方面比健康人群面临着更多的困难,这导致我国残障人群参与体育健身的数字一直难以提高。在健康中国战略的推动下,希望能够尽快改善这一状况,逐步地、有针对性地促进残障群体的体育健身活动的开展,真正做到全面地提升中国国民的身体素质。

(一)残障群体健身常见问题

1. 自卑心理

残障群体由于身体上的残缺而造成在生活方面有一系列的不方便,并且,这在很大程度上也影响了他们的自尊的建立,很多残障群体都或多或少地存在自卑心理。在很多方面,他们的心理特征、生活方式和行为特点等都具有特殊性。而且大多数的残障人士都感到自己或多或少存在心理障碍。有分析指出,很多时候,当残障人员参与锻炼健身时经常会招致一些猎奇的目光,这在一定程度上会影响他们的锻炼积极性,更加加重了自卑心理。长此以往,残障人群的健身积极性会越来越低,健身活动也会越来越少。这对他们的身体健康带来严重的负面影响。

从另一个方面来看,在推进健康中国战略的过程中,还应加强对人民群众思想意识和素质教育的工作,应教导广大群众树立正确的价值观,加强自尊自爱的建设,杜绝低级落后的思想观念。尤其应该强调对弱势群体的尊重、理解和支持,共同营造平等、互助、友爱、团结的整体氛围,让每个人无论健康或残障都有同等的权利参与国家在推行健康中国战略过程中开展的各项体育健身活动中。增强残障人群的生活热情,通过提升他们的身体素质从而提高他们的生活质量。合理的体育健身活动,不仅能够提高残障人群的身体素质,还能促进他们的心理状况朝着更加健康的方向发展。

2. 适合残障人群健身的硬件不足

残障群体在开展体育健身时对于场地、器材、设施等硬件有更高的要求。但是以目前我国建立的公共健身场地的情况来看,绝大多数都不适合残障人群开展健身活动,这也是特殊群体进行体育健身所要面对的现实困难。运动场地及健身器材是人们进行健身锻炼、体育活动的重要基础。现有的场地中很少有能被残障人员有效使用的健身场地和设施,这些都是影响残障人员锻炼健身的主要问题。大多数残障人员主要在社区、公园和学校里进行体育锻炼及体育运动。而大多数的场馆设备条件不仅不能满足他们的健身需求,而且健身器材的质量也不能保证,很容易损坏。残障人员对场地设备的需求较高,如果没有契合残障人员身体特性的专用场地和设备,他们的健身选择将非常有限,只能进行一些快走、散步等休闲健身活动。而若想发展足球、篮球甚至一些器械型的健身活动,基本上没有合适的场所可以进行。因此,在今后的社区、场馆等建设中,应该考虑到残障人权的特殊需求,在设计之初就要添加进可供残障人员使用的相应设施和功能。

3. 缺乏相应的体育锻炼指导人员

由于起步较晚,我国针对残障人员体育健身指导员的培训培养也较为滞后,这为快速有效地推进残障人群的健身活动带来了困难。残障人群由于身体方面的缺陷,在进行体育运动的时候和普通人不同,他们需要更加专业的健身教练的指导,只有这样才能保证其体育运动能够在科学、有效的前提下进行,否则反而会给身体带来新的隐患。尽管近些年来已经得到国家和社会的重视,但是整体而言,我国针对残障人群的体育健身指导员仍然存在着大量的缺口,这也是制约残障群体大量参与体育健身活动的原因之一。

(二)残障群体参与健身的对策

1. 完善社区健身硬件设施

为了促进残障群体能够顺利开展体育健身活动,首先应该从社区的健身器材等硬件设施着手。社区是残障群体开展体育健身活动最便捷、最有效的场所,因此应该加强对社区残障健身器材的投入力度,积极有效地对现有体育锻炼资源加以利用,增强社区锻炼和健身硬件设施的多元化和全面化,尽可能地丰富社区健身功能。各机构应重视起残障人员体育锻炼设备的设计、规划、生产、投入使用和维护等工作。与此同时,在城市广场、公园、公共环境中也应该相应地增加适合残障人员进行健身活动的设施和硬件设备,让整个城市发展成为对弱势群体,尤其是对残障人群充满尊重、关爱的环境,使健康中国的建设从教育宣传、环境建设以及人文培育等多个方面着手进行。

2. 加强社区健身的组织管理

社区是城市建设的重要组成部分,也是推进健康中国与全民健身运动的重要场所。它具有社会性、文化性与政治性等多重意义。在逐渐推进残障人员社区锻炼和健身活动的工作中,应该从社区的组织管理着手,残障人员结合会、残障人员体育协会应积极与社区进行沟通与合作,努力促进残障人员体育锻炼及体育运动的各项活动的开展。居委会作为社区工作的直接受理者和促进者,在社区与残障人员的沟通和交流方面具有明显的优势。因而,社区居委会应承担起更多的组织协同工作,主动关心本社区的残障人群的身体状况和健身需要,并主动与地方残障人员委员会加强交流,共同创新残障人员帮扶形式,树立以社区为中心的组织管理体系。

3. 加大基层专业体育教练配套

为了进一步发展以社区为单位的残障群体的体育健身活动,促进社区残障人员健身运动的开展,应该加大宣传对体育教练及辅导人员队伍的建设价值。目前,我国许多地区已将残障人员体育开展归入社会体育指导体系,并具体到如何依据残障人员的特性选择培训内容和培训技艺。这对提高我国大众体育健身的科学性和可持续性提供了有力保障。日后,会有一批批训练有素的教练员走进社区,他们可以为残障人员的运动提供权威的指导和支持,从而使我国的残障人群体育健身训练走上新的发展阶段。

4. 增加社区健身建设的经费投入

提高社区的健身实施需要加大资金投入,而资金投入仅仅依靠政府支持显然是不够的。因此,应该号召广大的社会力量积极参与到建设工作中来,以缓解各地建设资金短缺的问题。目前,每年能够如期举行的残障人员体育赛事较少,规模也都相对较小,影响力更加十分有限。因而,各级政府和社区应该发挥出积极作用,为社区体育健身和锻炼争取开拓更多的资金来源,拓宽社区锻炼和健身锻炼的融资渠道。政府等有关部门还应将残障人员体育支出归入地方预算。增强对残障人群公益金的支持,确保地方公益金中至少有20%用于支持当地残障人群的体育事业的开展。此外,地方红十字会等慈善机构也应该发挥出应有的作用,努力为各地的残障人群的体育事业发展筹集资金与各种社会资源,鼓励社会企业捐款和爱心人士支持。总之,发展社区的残障体育事业需要社会各方力量的共同努力。

二、其他特殊群体的体育健身

(一)其他特殊群体的身心特点

对于先天性生理原因、后天性生理原因或者临时性的生理原因无法正常参加常规的体育健身的人群,应该投入更多的关注。特殊体育人群无论是生理上还是心理上,都需要特殊的对待,比如进行体育健身时需要比身体健全或者健康的人有更好的条件支持。无论是技能指导还是心理指导,都非常重要,都是必不可少的内容。特殊群体的体育健身目的比普通健康人群更为具体,比如需要通过体育锻炼恢复和补偿其相应的功能缺陷,增进健康,提高生活适应能力,并且挖掘他们的其他一些潜能。

对于特殊群体,由于生理方面给他们的生活带来这样或者那样的不便,有时候会让这些消极的影响蔓延,比如影响他们的心理状况,又比如产生自卑、孤僻、社交恐惧等心理特征。进行科学的、规律的体育锻炼可以有效减轻这方面的困扰。因为体育运动不仅可以提高身体机能,同时,由于在运动过程中伴随着机体分泌多种激素,如生长激素,因此对调节心理也具有积极作用。因为生长激素能够让人产生放松、愉悦的感觉,所以人们经常能够感觉到,在运动后会有心情舒畅、神清气爽的感觉。而且,长期进行体育运动也会让人更有活力、更加自信,这也是对特殊人群非常有利的一面。

（二）其他特殊群体的运动对策

除残障人群之外的特殊群体，由于造成他们身体健康情况不足或身体功能方面缺陷的原因各有不同，因此在参加体育健身的时候，他们的需求、目标、受限条件、采取的方式也会千差万别，需要在非常专业的教练或医生指导下进行。以下仅以哮喘病人和心脏术后康复运动为例。

1. 哮喘病人的体育健身

有临床研究显示，适当的体能锻炼可以有效地帮助哮喘病人康复。进行相对全面的体能锻炼，可以改善哮喘病人的心肺功能，增强免疫力，减少感冒等呼吸道系统的患病概率，减少哮喘发作，巩固药物疗效和阻断病情进一步发展。

哮喘病人在进行体育锻炼时，应注意以下几个方面。

（1）选择合适的运动项目，比如慢跑、自行车、瑜伽以及游泳。

（2）在寒冷干燥的季节应避免锻炼。

（3）每次运动前要做足热身与准备活动，运动后要认真做好放松运动，这样可以保证运动过程更加安全，效果更加明显。

（4）应该循序渐进地增强运动负荷。

（5）运动时间不宜过长，运动不宜过度疲劳。

（6）运动前预防性用药。

（7）急性发作期不宜运动。

2. 心脏术后康复体育运动

有很多的文献表明，心脏并手术后的康复运动对患者的心肺功能以及耐力提升都有不可替代的作用。冠心病具有高发病率和高致死率的特点，对人类生命健康会产生严重危害。[1] 冠状动脉搭桥的术后康复运动、PCI术后病人的心肺及耐力康复等都有稳定的数据支持。比如通过严格控制运动强度的步行、自行车、慢跑等有氧耐力训练，或者借助弹力带、哑铃等器械进行抗阻训练，认真执行医生制定的个性化运动方案半年后，病人在心肺指标和运动耐力方面都得到显著改善。

---

[1] 陈伟伟，高润霖，刘力生，等.《中国心血管病报告2017》概要[J].中国循环杂志，2018，33（1）：1-8.

第九章
健康中国视域下体医融合的路径探索

体医融合是我国推进国家健康战略、提升全民素质、实现全民健康的重要模式，是建设健康中国的重要途径。《"健康中国2030"规划纲要》明确提出，要通过"广泛开展全民健身运动，加强体医融合和非医疗健康干预，促进重点人群体育活动等方式提高全民身体素质"。随着"健康中国"战略的推进，体医融合的工作得到有序开展，并取得了良好的成果。本章主要在健康中国视域下探讨体医融合的科学路径。首先阐述体医融合的基本理论与价值，其次探讨体医融合的发展情况和趋势，然后分析体医融合的典型案例，最后基于体医融合理论而对智慧健康服务路径展开探索。

九

第一节　体医融合的理论与价值

一、体医融合的概念

体医融合理念虽然提出很长时间了,但是其理论体系还不够完善,概念尚未统一,学者们对体医融合概念的界定存在一些争论。学者们从不同视角研究体医融合,对体医融合的概念做了不同的界定。下面主要列举几个具有代表性的观点。

聂上伟将体医融合定义为体育运动和医疗技术的结合,是关于运动医学、医学营养和医学康复等学科相结合的应用。[1]

梁丽珍指出,体医融合就是体育行业和医疗行业相互融合,在医疗治疗手段当中融入体育元素,在体育锻炼中融入医学监测指标,通过两者的融合、相互补充,更好促进二者的联系,进而提高人民群众的身心健康水平。[2]

张剑威、汤卫东等对体医融合做了详细解释,指出体医融合是把体育运动作为锻炼的主要方式,把医学治疗作为辅助手段,从两个方面加速机体恢复速度和促进健康的一种新模式,这样的方式对促进康复特别是慢性病人身体的恢复发挥了巨大作用。[3]

梁美富、郭文霞将体医融合定义为以体育学和医学理论为基础,以体育学和医学知识技能为手段,促进人类健康的一种服务模式。[4]

总的来看,学者们对体医融合的定义虽然各有侧重,但也有共同点,即一致认为体医融合是体育和医学两方面的融合,通过二者的融合来促进人们身心健康,提升人们的健康水平。

---

[1] 聂上伟.基于健康中国的"体医融合"发展探究[J].山西青年,2020,000(012):29-30.
[2] 梁丽珍.体医融合背景下社区医疗与体育健康产业协同发展模式研究[J].经济研究导刊,2017(30):54-55.
[3] 张剑威,汤卫东."体医融合"协同发展的时代意蕴、地方实践与推进思路[J].首都体育学院学报,2018,30(01):73-77.
[4] 梁美富,郭文霞."健康中国"战略背景下体医结合的发展路径探讨——基于PEST分析[J].河北体育学院学报,2018,032(003):52-56.

综合上述作者的观点,再结合健康中国背景,这里将体医融合定义为:体医融合是将体育和医疗合二为一,将训练学恢复手段与医学治疗手段融为一体,发挥全民科学健身在健康促进、康复和预防慢性病等方面的积极作用,让二者在增进健康、防治慢性疾病、功能恢复、预防和治疗运动伤病等方面共同发挥作用,以提高所有人群的健康水平的一种健康服务模式。[①]

从本质上来说,体医融合模式下,体育提供的是健康促进的方法和手段,医学提供的是健康促进的思路和技术,运用医学知识、技术和思维来归纳与总结体育运动方法,提出科学的健康处方,使人们采用更具科学性、针对性和实用性的方法与手段来增进健康。

在健康促进方面,医疗和体育都是必不可少的重要手段,但分属不同职能体系的医疗部门和体育部门,长期没有明显的交集,尤其是在顶层设计方面交集几乎为零,具体是指在资源、管理、人才等方面交集甚少。医疗系统长期以来一直都忽视了体育运动对健康促进的重要价值,没有将体育运动作为医疗辅助手段。提出体医融合的理念,就是为了解决这个矛盾与问题。研究证实,科学的体育运动可以在健康促进的两个维度上做出贡献,一个是预防疾病的维度,另一个是促进康复的维度,因此在健康链上必须推进体育和医疗的深度融合。

二、体医融合的模式

我国体医融合在实践推进中主要形成了以下几种模式。

(一)共生融合

共生理论是体医融合模式形成的基础理论,在这一理论指导下,体医融合模式中医疗卫生方面和体育方面的利益分配具有均衡性,这对促进体医资源融合、技术融合具有重要意义,进而对实现体医的整体融合起到了推进作用。在体医融合共生发展路径的开辟中,要从理念融合、技术融合、部门融合、策略融合、人才融合等方面具体落实,从而增加体育行业与医疗业共生融合发展的广度与深度。当前在共生融合模式中

---

① 曹政.健康中国视域下"体医融合"发展的困境及路径研究[D].济南:山东师范大学,2020.

存在的主要问题是尽管对体育和医疗的互补互融标准予以建立,但体育和医疗两个系统的匹配度低和行动不一致的问题依然没有得到根本上的解决。

(二)产业融合

体育和医疗的产业融合模式通过多个维度体现出来,从融合的过程来看,经历了技术融合的基础阶段、业务融合的核心阶段以及市场融合的最后阶段。在体医融合试点地区采用产业融合模式,具体要从资源融合、技术融合等方面予以落实,最终实现整体融合。在产业融合模式的运行中,体育和医疗两个系统的技术资源、业务资源、市场资源等的效能都没有最大程度地发挥出来,相关公共服务体系也处于缺失状态,这就导致当突发重大公共卫生事件时,体育和医疗的联动作用得不到充分发挥。这就要求在产业融合模式的基础上进行理念上的升级,具体表现为将运动医学理念、临床医学技术和运动康复方法三者有机融合。

(三)地方实践

地方实践模式是体医融合在实践上的尝试,是在试点地区的积极尝试。体医融合在不同地区的实践形成了具有地方特色的发展模式,地方实践模式的体医融合模式的外显形式,对加快体医融合的落实具有重要意义。对不同地区的实践模式进行对比分析发现,在医疗技术水平高、全民健身活动开展好的地区,体医融合的地方实践模式更为完善一些,体医融合的推动和实施更顺利一些。地方实践模式突出地方特色,模式运行相对灵活,是各地践行体医融合理念和落实体医融合政策的重要形式,对促进地方人民的身心健康具有不可替代的重要作用。

(四)创新融合

随着体医融合的不断发展,逐渐形成了一种具有创造性和创新性的融合模式,被称作双元创新融合模式。该模式主要在三个方面体现了体医融合的创新,即价值共鸣、发展认知、整合空间。在创新模式下,体育和医疗两个系统的角色定位更加明晰,身份边界关系进一步确定,民众话语权不断提升,并为构建体育与医疗的优势互补机制、联动机制提供了新的思路,提升了政府、社会及民众参与和配合体医融合工作的积极性。体育和医疗的创新融合模式是从二者的传统结合模式逐渐过渡与发展而来的,创新融合模式虽然在传统结合模式的基础上实现了创新,但该模式只是外显形式比较优越,而内在基础构建依然不明确,理论基础和实践基础都不够扎实、稳固,从而制约了实践效果。

从体医融合的上述模式来看,体医融合的内容与形式尚不固定,适用于不同环境与条件下的融合模式尚未形成,目前要完善体医融合模式,实现体医融合的战略目标,关键在于整合体育资源和医疗资源,以资源融合为基础而探索市场融合之路,满足不断变化的市场需求,并构建能够使体育和医疗两个系统高度匹配、深度合作的科学的服务模式和健全的服务体系。

三、体医融合的基本价值

体医融合的基本价值具体体现在以下几个方面。

(一)促进群众健康观念的转变

引导国民转变传统健康观念,养成良好的运动习惯,这是实现全民健康的基础。传统的健康干预方式以医疗为中心,自提出"体医融合"后,传统健康干预方式发生变化,新的健康干预理念和方式是以预防为中心。这样,健康的关口就从医学治疗向前转移到了运动预防上,这与"治未病"的理念是契合的。

"体医融合"概念的提出能够使国民摆脱"重医"的传统健康观念,树立"重防"的健康新观念,形成大健康理念和体医融合的新格局,从而为健康中国建设奠定良好的思想基础。

(二)提升群众身体素养水平

近年来,体育界逐渐开始流行身体素养这个概念,它以身体认知观为指导,着眼于身体活动与积极生活的关系,立足于人的整体发展,在情感、认知和身体等相互关联的多种维度上,激发动机,培养能力,以形成终身参与体育活动的行为习惯。[①]人民群众的身体素养、健康素养和体育素养是国民健康的重要组成部分,是我国建设健康中国的重要基

---

① 曹政.体医融合发展的价值逻辑关联及协同路径选择[J].当代体育科技,2019,9(34):4-7.

石。所有个体都是自身健康的首要负责人,要负责自己的健康,只有树立了这一理念,国民身体素养才能改善,全民健康水平才能提升,最终以所有国民的健康为基石支撑起健康的中国。

现阶段,我国人民的身体素养状况不乐观,在我国深入推进健康中国建设的今天,"体医融合"理念的传播和相关工作的稳步开展,对国民树立科学健康观,自觉提升身体素养、健康素养等具有积极的引导作用。

(三)优化现代体育文化产业体系

随着我国社会经济的不断发展,经济结构不断升级和优化,经济增长方式不断转变与更新,居民消费水平逐步提升,文化产业、朝阳产业呈现出繁荣发展的态势。服务业中有一种产业叫幸福产业,包括体育产业、养老产业、文化产业、旅游产业、健康产业等。近些年随着体医理念的传播和实践工作的开展,这些幸福产业的发展十分迅速,极大地推动了我国经济增长,促进了社会消费结构的升级优化,带动了相关行业的发展,增加了社会就业岗位,改善了民生,使居民的幸福感得到提升与强化。

在健康中国视域下,体育文化产业体系的健全与优化离不开健康产业的推动。在休闲时代和全民健身时代,人们追求健康生活,对生活品质有了较高的要求,这是促使人们进行健康消费、体育消费的主要原因,为健康买单成为居民生活消费的一部分。在这一趋势下,随着体医融合的稳步推进,我国幸福产业将继续发展,并与其他相关产业产生深度融合,促进社会公共服务体系的优化和公共服务质量的提升,加快社会公共服务内容的延伸和服务方式的创新,为体育健身、休闲娱乐等领域提供优质服务,实现服务升级,最终完善体育文化产业体系,满足人民生活需求。

四、体医融合的时代价值

(一)"体医融合"是面对健康的准确识变

在健康中国视域下,我国积极倡导国民树立大健康观,形成健康文明的生活方式,摆脱传统观念下以治病为中心的错误做法,积极树立预防观念,促进人民健康。传统健康观产生的背景比较复杂,在各种因素混杂的情况下难免会形成有所偏颇的思想观念,但在健康中国背景下,必须及时转变传统健康观,树立整体健康观,并以"人民健康为中心",有序推进健康工程的开展。

整体健康观指出,健康并不是指传统观念中的不生病,而是指包含生理、心理、道德、社会适应等诸多方面的全方位健康。人们的健康问题除了是医学领域的问题,还是体育领域的问题,同时这个问题在其他领域也很受重视。因此需要从医学、体育学、心理学、社会学等诸多方面来研究健康,促进健康,这是时代的要求,而"体医融合"恰恰是对这个时代要求的积极回应,这充分反映了体医融合是对整体健康促进的准确识变。

(二)"体医融合"是面对疾病的主动求变

当今社会,慢性病逐渐成为吞噬人类健康的重要杀手之一。2017年国务院办公厅印发的《中国防治慢性病中长期规划(2017—2025年)》重点指出:"加强行为和环境危险因素控制,强化慢性病早期筛查和早期发现,推动由疾病治疗向健康管理转变。加强医防协同,坚持中西医并重,为居民提供公平可及且系统连续的预防、治疗、康复、健康促进等一体化的慢性病防治服务。"这表明,我国在对慢性病的控制方面,主要干预方向是"预防为主、主动健康"。实践表明,体育运动在预防慢性病、降低慢性病发病率、缓解慢性病症状和降低危害等方面具有重要作用。每天进行适当的体育运动可以有效预防心血管病、糖尿病、癌症等疾病的发生,降低这些疾病的风险。我国在防治慢性病的过程中践行"体医融合"的理念,这是面对威胁人类健康的慢性病的主动求变,是适应时代需要的表现。

(三)"体医融合"是体育责任的积极转变

2019年,国务院办公厅颁发了一个关于发展体育事业的重要政策文件——《体育强国建设纲要》,这一既具有重要战略性又有实际操作性的政策文件明确提出:"坚持以人民健康为中心,制定并实施全民健身计划,普及科学健身知识和健身方法,因时因地因需开展全民健身活动,坚持大健康理念,从注重'治已病'向注重'治未病'转变。"这表明我国体育的价值取向在不断延伸和突破,不再像起初一样只强调教育价值,同时也高度重视其健康价值。随着人类健康问题的增加和体育研究的深入,体育的"治未病"功能越来越被关注和重视。《黄帝内经》是最早记载"治未病"的史料,其中提到两层含义,一层是"尚无病",也就是一般的健康状态,还有一层是"已病者",对应的是"亚健康"状态。对亚健康人群来说,体育运动能够使其从亚健康走向健康,对健康人群而言,体育运动能够使其保持健康。在健康中国背景下,体育的责任越来越重要,国家在健康中国建设中提出了很多政策,一些政策的执行和落实需要体育的配合,这是体育的使命,也是体育服务于国家的能力的彰显。在这一时代趋势下走"体医融合"的创新之路,反映了体育责任的自觉与积极转变。

(四)"体医融合"是医学角色的科学应变

随着社会的进步与人类认知水平的提高,人们渐渐认识到医学并非获取健康的唯一路径。而且现代医学因为种种因素有时会陷入纠结与争议,这严重影响了其权威性,影响了人们对它的信任。2016年,国务院出台《"健康中国2030"规划纲要》,其中明确说明:"加强体医融合和非医疗健康干预,推动形成体医结合的疾病管理与健康服务模式,发挥全民科学健身在健康促进、慢性病预防和康复等方面的积极作用。创新医疗卫生服务供给模式,推进慢性病防、治、管整体融合发展,实现医防结合。"为了满足人们追求健康生活、健康生命的需要,必须加强对健康管理方式的创新与完善,推动体育和医疗的充分融合,积极落实"预防为主、防治结合"的科学融合策略。这种转变并不代表对医疗地位和价值的轻视,而是转变医院的服务模式,转变追求服务数量的片面性,且对服务质量提出更高更严的标准与要求,为患者提供优质服务。"体医融合"恰好应答了这一时代问题,体现了医学方面在面对危机时的积极应变。

第二节 体医融合的前景与发展趋势

一、体医融合的发展现状与问题

2019年7月,我国出台《健康中国行动(2019—2030年)》,这是促进体医融合、推进健康服务、加强疾病管理、建设健康中国的重要文件。我国政府非常关注体医融合，为推动体医融合而出台了一些专门的政策，从国家战略层面高度重视体医融合，争取实现全民健康。因为国家的重视与支持，体医融合工作开展得比较顺利。为响应国家对体医融合的号召，落实关于国民健康的政策，有关部门采取了积极的行动和措施，如国家体育总局在2017年4月成立了"体医融合促进与创新研究中心"，主要进行关于体医融合、国民健康及二者关系的专门研究。2019年开始，我国体医融合试点工作陆续启动，试点遍布北京、上海、青岛、厦门等经济发达地区，这些地区的体医融合试点工作取得了良好的成效，并形成了具有地方特色的体医融合创新模式，对我国体医融合的进一步普及与全面开展起到了重要的推动和启示作用，从而使我们离全民健康目标和健康中国战略目标更近了一步。

现阶段我国依然在稳步推进体医融合的相关工作，也取得了良好的工作成效，但同时也应该看到体医融合发展的问题和制约因素，从现实出发解决实际问题，为体医融合的发展提供良好的环境与条件，保障体医融合的顺利发展，为全民健康而服务。下面具体分析体医融合发展的主要问题。

（一）政策制度不健全

体医融合发展最根本的保障是拥有宏观政策的指导，目前我国缺乏这方面的保障性政策。尽管我国在健康中国的有关政策中从国家战略的层面说明了体医融合的重要性，但目前还缺乏具有针对性的体医融合配套政策与具体的实施细则，相关政策尚不具备系统性、全面性，从而使体医融合因为缺乏具体政策的指引而难以顺利进行实践层面的操作。而且因为政策法规的缺失，导致与体医融合相关的科学研究、人才培养、组织建设等一系列工作的开展也受到了制约。

（二）相关部门的协同力度较弱

体医融合的发展离不开科学而健全的体医融合机制的有序推动，这是体医融合发展的重要保障之一。体医融合的政策和体医融合的机制是有区别的，我国虽然有关于体医融合的政策，但没有围绕体医融合而建立有关部门的协同联动机制、共同负责机制以及资源共享机制，这就导致体医融合发展中存在各部门责权模糊、缺乏管理、无法统一协调等问题。

在体医融合发展中,体育、医疗和教育是三个非常重要的系统和部门,但它们存在各自为政、互不关注、缺乏协同合作的严重问题,既没有资源上的共享,也缺乏业务上的往来,缺乏密切的交集、交流,从而增加了体医融合的推广难度,难以真正通过体医融合而实现全民健康。

(三)"重医轻体"的观念依然存在

医疗和体育是健康促进的重要手段,对人类健康同等重要。随着社会的发展和人们认知能力的提升,很多人开始认可体育在促进身心健康发展方面的价值作用,并认识到体医相互结合、优势互补对疾病的预防、治疗和身体的康复等具有积极作用。但也有一些人受传统思想意识的限制,只信奉医疗促进健康,忽视体育的健康价值。

长期以来,由于人们对于体育促进健康的价值认识不足,再加上对体医融合的宣传不到位等,最终导致人们的体医融合观念意识淡薄或处于空白状态。目前我国存在部分居民过度依赖医疗的普遍现象,体育锻炼可以预防慢性病,帮助患者更快康复,但由于一些医疗机构追求利益最大化,多采用医学治疗手段进行健康干预,忽视对患者开具运动处方,导致患者医疗成本升高。重医轻体的思想不仅存在于一般的人民群体中,还存在于一些医务工作者中,因为观念的落后而导致体医融合过程中体育的价值被弱化,从而对体医融合的实施效果造成了严重影响。

(四)专业人才缺乏

人才是发展的基础,体医融合的发展离不开大量专业人才的参与和奉献,体医融合发展的广度与深度一定程度上是由专业人才的数量与质量所决定的。现阶段,我国高等体育院校设置运动医学、运动康复等专业,对复合型体医人才进行培养,这些专业的学生运动医学知识丰富,运动技能良好,但普遍缺乏临床实践能力和康复运动指导能力,无法为目标人群制定科学有效的运动康复处方,难以通过科学的体育健康干预而促进目标人群的健康。同样的道理,医学院校培养的体医人才虽然医学知识丰富,临床实践能力也具备,但运动专业知识欠缺,运动技能较差,很难通过科学的体医干预而促进目标人群的健康,他们依然采用以医疗为主的干预手段。我国对体育人才、医疗人才的培养缺乏整合性和互通性,相互之间客观存在的壁垒很难去打破,因为培养模式的不统一而影响了复合型体医人才的发展前景。所以当前我们在推进体医结合时迫切需要解决这一问题，促进体育行业和医疗行业在人才培养上的沟通与融合，培养一批既懂医又懂体的新型专业人才。

二、体医融合的前景——多元化、全面化的融合

（一）技术融合

技术融合强调体医各自发挥技术优势，整合医生的治病诊疗技术和体育指导员的运动技能，双方优势互补、协同合作。针对慢性病人群，在健康干预中，将医学评估和运动评估相协同，医学干预和运动干预有机结合。针对目标群体的个体差异性（年龄、运动状况、疾病状况），一方面需要整合体医的丰富数据，解决测评参数"非医即体"的问题，建立分病种的标准和模型，实现有针对性的运动测评；另一方面在干预中进行体医技术的融合，以提升健康干预效果。

（二）资源融合

资源融合中，要实现医院人、财、物等资源与体育设施、人力等资源的共享。医务人员经过运动处方的相关培训，通过健康信息筛查、医学检查、运动风险评价、体适能测评等过程而开具个性化、精确化运动处方，继而实施过程监控、效果评价、运动处方调整和修订。退役运动员和体育毕业生也可以发挥技术优势，为患者提供科学运动锻炼指导服务，健全体医融合服务链。

（三）数据融合

数据融合为技术融合提供持续的反馈与支持。建设"智慧化体医融合"平台，通过数据管理，实现数据层面的体医融合，形成格式化数据和采集标准，建立统一的数据管理服务平台。平台利用数据归集、数据标准、元数据管理、数据建模、模型迭代等技术手段，刻画体医融合人群特征的数据模型，以实现对精细化处方效果的分析验证。

在应用层面上，利用算法建模技术为不同体质的人群画像，在精细化管理的同时，引入运动处方使用和管理方法，助力体医融合的执行。

(四)服务融合

解决体医融合服务管理层面的多部门协同问题,建立社会力量参与的健康长效机制。医院、体育、预防、保健、医疗保险、计划生育等机构共同构建部门协同机制,形成广大社会力量参与的体医融合长效机制。

三、体医融合的发展路径与趋势

(一)科技创新

体医融合目前还是新生事物,还处于初步探索阶段,在发展初期需要以科技创新为支撑,逐步实现融合发展。体医融合是一项复杂工程,是覆盖全生命周期的运动健康服务,应满足不同群体的健康需求。体医融合发展中,建设运动处方库、探索健康服务模式、提供个性化健康服务以及推动体育运动与医疗活动的融合等,都需要科技支撑,科技创新能够保障体育融合发展的科学性和可持续性。

(二)政策驱动

健康中国建设与全民健身之间有着密切的联系,将全民健身融入健康中国战略中对推动健康中国建设具有重要意义,具体有许多融入的方式与方法,而体医融合是其中一种非常重要的手段,通过体医融合不但能够促进全民健身融入健康中国建设中,还能使人民群众日益增长的健康需求得到满足。

为建设健康中国,我国积极推进体医融合,体医融合因能够满足大众的健康需求而受到高度认可,呈现出良好的发展态势。目前我国体医融合的发展还处于初步阶段,离不开政策的保障。政策的牵引、政府的引导应贯穿于体医融合的整个发展过程中,如此才能使体医融合在正确的方向上实现持续健康的发展。

2016年,《关于加强健康促进与教育的指导意见》中提出"把健康融入所有政策",从这个思路来看,如果能在所有相关政策中融入体医融合,将有利于助力体育事业、健康事业的发展,助力健康中国建设。在相关政策中纳入体医融合,使体医融合在政策的驱动和指引下顺利发展,这将加快体育和医疗的深度融合,充分发挥体医融合在健康中国建设中的重要作用。

(三)宣传推广

当前,对于体医融合的概念、内涵、意义,还有很多人不理解、不接受,有的人对此存在一些误解,这影响了体医融合在基层的推进。对此,要在全社会积极宣传体医融合理念,推广相关理论知识与政策,并建立监督机制来确保体医结合政策的层层落实。

宣传推广体医融合要从城市和乡镇两方面着手,在城市,从社区开始进行基层推广,使体医融合的理念进入千家万户;在乡村,基层干部自觉肩负起宣传重任,以村支书、村干部为主力而对体医融合发展理念进行宣传推广。

(四)建立共生机制

体医融合涉及的领域、机构比较多,从而增加了融合难度,只有将相关部门之间的壁垒打破,建立纵横连贯、协同管理的共生机制,才能真正落实体医融合,保障全民健康。

建立体医融合的共生机制,要求明确相关部门、机构的主要职责和权力,建立全面的协同联动机制,包括激励机制、监督机制、资源共享机制等,实现有关部门的高效协同。此外,还要建立多元主体共担机制,鼓励全社会参与体医融合。

(五)加强专业人才培养

体医专业人才是体医融合发展的基础保障,在健康中国建设中要高度重视对体医专业人才的培养。

首先,对体医从业人员进行专门的培训,提升其在专业领域的工作能力。培训内容主要包括防治慢性病、评估运动风险、出具运动处方等。

其次,体育院校、医学院校加强合作,优势互补,协同培养体医专业人才。

最后,建立相关激励机制,吸引更多专业人才参与体医融合、全民健康服务工作,提升专业人才的实践能力。

第三节 体医融合的案例分析

一、案例一

【案例陈述】

2019年,在厦门市体育局、厦门市卫健委指导下,市社会体育发展中心启动了"体医融合示范社区"建设试点工作,为慢病患者提供运动干预。通过政府主导,街道社区提供场地资源,社区卫生服务中心和高校组建专家团队的合作方式,成功构建了"政府部门—医院—社区—科研院所"四位一体的厦门"体医融合"模式。"体医融合"团队首先对报名的志愿者进行慢性病筛查,再进行血糖、血压等数据检测,随后由专家团队评估检测结果,出具"运动处方",志愿者根据"处方"参与运动,项目结束时,再对志愿者的身体状况进行评估,与初始数据比对。对100多名慢性病志愿者进行为期6个月的运动干预后发现,其舒张压、腰围、臀围、血糖及高密度脂蛋白、胆固醇等数据均往好的方向发展,健康状况明显改善。

【案例分析】

"体医融合"是厦门市贯彻《"健康中国2030"规划纲要》《"健康福建2030"行动规划》以及"健康厦门"建设目标的一项重要举措,各部门集合力量,发挥主体优势,在体医融合理念下对慢病人群进行非医疗健康干预,推广"运动处方",推动疾病预防关口前移,有效提高了人民的健康水平。

二、案例二

【案例陈述】

2018年,河南省直第三人民医院打破传统医疗格局,按照医疗改革要求,将体育和医疗充分融合,成立了全省首家运动医学科,围绕半月板损伤、肩袖损伤等运动损伤的防治、脊柱关节微创术后的运动能力提升以及慢性肌骨疼痛的群体开展康复训练指导工作,科室成立后的一年中取得了可喜的成绩,如帮助膝关节单髁置换术后康复100余人,帮助前交叉重建术后快速康复100余人、颈椎和腰椎孔镜术后康复50余人,帮助超过5名现役运动员回归赛场。此外,为了积极传播体医融合新理念,部门录制健康微课堂,开展进社区、进机关、进学校、进赛场"四进"宣讲活动,累计受益人群5万余人。科室还围绕"科学运动防控慢病、精准运动防病治病"的理念,引入国内知名体育保健专家团队定期与国内外知名专家开展各种交流活动,如会议、论坛、培训、沙龙等,促进了体医融合的学术交流。

【案例分析】

体育运动可以预防疾病,改善人民身体健康状况。有条件的医院应将专业医学治疗与体育运动结合起来,把运动康复的手段、方法运用到常见病的治疗中。河南省直第三人民医院用实际行动推进体医融合,以体医融合助力生命延续,助力健康中国建设。

第四节　体医融合理论指导下的智慧健康服务路径研究

智慧健康是智慧城市概念中的一环,是智慧城市的时代产物。智慧健康服务以健康数据为中心,以用户和卫生服务机构为流向,产生完整的反馈回路,实现智慧的健康管理与医疗保健,最终促进大众的健康产出。[①]

体医融合理论下的智慧健康服务路径是多元的,下面重点分析三种具有普遍意义及可操作性高的路径。

一、智慧医院服务

智慧医院是一种现代化医院运行体系,该体系主要由三个部分组成,分别是医用智能化楼宇、数字化医疗设备和医院信息系统。智慧医

---

① 张博文,金新政.智慧健康服务模式研究[J].智慧健康,2016,2(06):27-31.

院服务是面向医务工作者和患者在医院范围内展开的智能化服务,智能服务极大地促进了医院医疗服务水平的提高。

(一)"智慧服务":面向患者

面向患者的智慧服务能够帮助患者有效解决一系列看病问题,如医生问诊时间短的问题,挂号、候诊、取药时排队时间长的问题等。患者可以通过智能手机而预约挂号,使用手机支付软件缴费,便捷又安全。

智慧医院服务还为患者提供了一系列的便捷服务,如院内导航、候诊提醒、检查结果查询、在线问诊、药物配送、处方流转、健康教育、慢病管理等,这样不仅医院的管理效率得到了提升,而且患者的看病效率也提高了,以患者为中心的智慧医疗服务使患者就医的满意度大大提升。

(二)"智慧医疗":面向医务人员

首先,加强医疗服务的信息化建设,如医务人员将患者的电子病历、影像等录入信息化平台后,与其他服务系统相关联,以提高后续医疗服务的效率。

其次,对门诊医生工作站、护士工作、住院医生工作站进行一站式的优化改造,为各个工作站开展工作提供便利。

最后,医务人员查房和向患者下达医嘱时使用基于智能化系统的相关移动设备,如常用的移动护理设备、动态无线监控设备等,从而突破医疗服务在空间层面的制约,使医务人员的工作效率得到有效提升。

二、智慧区域医疗服务

智慧区域医疗服务是智慧健康服务的重要组成部分和实施路径之一,其围绕用户整合了多项智慧服务内容,如医疗服务、公共卫生服务、自助健康服务以及疾病控制服务等。在智慧区域医疗服务路径的运行中,首先要建立居民健康档案,然后用户使用移动终端来传输健康数据,由平台对数据进行处理与汇总,基于现实的数据提供患者健康服务,相关区域在医疗上加强协同,共同推进健康教育服务,将家庭、医院、云平台连接起来,为区域内医疗卫生机构开展医疗卫生服务提供良好的支撑。

为完善区域卫生服务功能,提升区域卫生服务质量,国家努力建立包含国家、省、区域三级在内的全方位卫生信息平台,并加强建设包括区域医疗服务、区域公共卫生等在内的业务应用系统,在相关系统下建立业务网络和基础数据库,数据库以居民电子健康档案与电子病历为主。这一系列举措充分反映了我国智慧区域医疗服务的开展已初步取得成效。[①]

三、智慧家庭健康服务

个人自我健康管理是智慧健康服务模式强调的一个要点,这也是智慧家庭健康服务的核心所在。在智慧健康服务下构建智慧健康服务模式,即"健康传感终端+移动通信平台+健康服务",能够为每个家庭提供管家式的健康服务,包括体检服务、保健服务、疾病评估和治疗服务、身体康复服务等,这些服务是实时性、长期性和连续性的。在智慧家庭健康服务模式下,用户向健康服务平台传递健康数据,平台上的专业医务工作者实时监测用户的生命体征,然后从专业角度出发给出健康指导意见,而且当用户发生急性病时,专业医师团队能够对其进行紧急救助。

---

① 张远林.打造智慧医院 提升服务水平[J].中国卫生人才,2019(05):34-35.

参考文献

[1] 何得桂. 健康中国读本 [M]. 北京：知识产权出版社, 2020.

[2] 张录法, 汤磊, 刘庭芳. 迈向健康中国 [M]. 上海：上海交通大学出版社, 2020.

[3] 中国政策研究网编辑组. 健康中国战略 [M]. 北京：中国言实出版社, 2019.

[4] 袁玉鹏."全民健身"在"健康中国"建设中的地位和作用 [J]. 淮北师范大学学报（自然科学版）, 2018, 39（03）：66-71.

[5] 蒙雪, 陆作生, 郑昌意. 21世纪我国国民体质增强策略研究 [J]. 武汉体育学院学报, 2011, 45（02）：58-62.

[6] 李广东. 全民健身推动健康中国建设的路径研究 [J]. 当代体育科技, 2021, 11（21）：210-212.

[7] 高国军."全民健身"在"健康中国"中的地位与作用研究 [J]. 体育科技, 2018, 39（06）：61-62.

[8] 王健. 以更高效率的医疗公共服务推动建设健康中国 [J]. 中国经济评论, 2021（03）：63-68.

[9] 冯泉慧."健康中国"战略下对国民体质监测工作的思考 [J]. 当代体育科技, 2018, 8（09）：210-211.

[10] 宋璐璐. 广场舞 [M]. 天津：天津人民美术出版社, 2018.

[11] 蔡向红. 广场舞健康跳 [M]. 北京：科学技术文献出版社, 2016.

[12] 谷晨. 现代生活方式与青少年健康 e 时代的健身方略 [M]. 南昌：江西科学技术出版社, 2009.

[13] 余万斌. 健康运动处方 [M]. 成都：西南交通大学出版社, 2006.

[14] 郝丽. 体医结合视角下的社区养老模式评价 [M]. 天津：南开大学出版社, 2017.

[15] 魏夫超, 张传光, 孙志远, 田雪文. 协同创新理论视角下体医融合发展路径的模式构建 [J]. 辽宁体育科技, 2021, 43（06）: 13-18.

[16] 杨光, 李哲, 梁思雨. "体医融合"的内在逻辑与时代价值 [J]. 体育学刊, 2021, 28（06）: 23-30.

[17] 曹政. 体医融合发展的价值逻辑关联及协同路径选择 [J]. 当代体育科技, 2019, 9（34）: 4-7.

[18] 方向丽, 程登富, 樊铭. 健康中国背景下"体医融合"发展路径及策略研究 [J]. 廊坊师范学院学报（社会科学版）, 2019, 35（04）: 112-116.

[19] 曹政. 健康中国视域下"体医融合"发展的困境及路径研究 [D]. 济南：山东师范大学, 2020.

[20] 倪国新, 邓晓琴, 徐玥, 汪皓男. 体医融合的历史推进与发展路径研究 [J]. 北京体育大学学报, 2020, 43（12）: 22-34.

[21] 张博文, 金新政. 智慧健康服务模式研究 [J]. 智慧健康, 2016, 2（06）: 27-31.

[22] 张远林. 打造智慧医院 提升服务水平 [J]. 中国卫生人才, 2019（05）: 34-35.

[23] 聂上伟. 基于健康中国的"体医融合"发展探究 [J]. 山西青年, 2020, 000（012）: 29-30.

[24] 梁丽珍. 体医融合背景下社区医疗与体育健康产业协同发展模式研究 [J]. 经济研究导刊, 2017（30）: 54-55.

[25] 张剑威, 汤卫东. "体医融合"协同发展的时代意蕴、地方实践与推进思路 [J]. 首都体育学院学报, 2018, 30（01）: 73-77.

[26] 梁美富, 郭文霞. "健康中国"战略背景下体医结合的发展路径探讨——基于 PEST 分析 [J]. 河北体育学院学报, 2018, 032（003）: 52-56.

[27] 王健. 健康体适能 [M]. 北京：高等教育出版社, 2010.

[28] 陈虎, 王正文. 体育健身对大学生生活方式的影响及意义 [J]. 广西质量监督导报, 2021（06）: 104-105.

[29] 王倩. 大连市区大众体育健身行为的影响机制研究 [D]. 大连：辽宁师范大学, 2021.

[30] 安涛. 促进青少年参与社区体育健身活动的策略分析 [J]. 体育科技文献通报, 2021, 29（05）: 44+188.

[31] 李建达. 运动与膳食对肥胖人群身体形态和机能影响的实验研究 [J]. 太原理工大学, 2008.

[32] 刘胜, 张先松, 贾鹏. 健身原理与方法 [M]. 武汉: 中国地质大学出版社, 2010.

[33] 华颖. 健康中国建设: 战略意义、当前形势与推进关键 [J]. 国家行政学院学报, 2017（06）: 105-111+163.

[34] 李玲, 江宇. 健康中国战略将开启新时代 [J]. 中国党政干部论坛, 2016（09）: 80-82.

[35] 钟瑞添, 段丽君. 习近平关于健康中国的重要论述及其意义 [J]. 理论视野, 2021（03）: 31-37.

[36] 熊鑫. 科学健身原则的探讨 [J]. 襄樊学院学报, 2009, 30（08）: 14-17.

[37] 黄莉莉, 唐宝盛. 速滑运动员心理训练计划的制定与实施 [J]. 冰雪运动, 2009, 31（03）: 70-74.

[38] 王向宏. 体能训练理论与方法(第2版)[M]. 北京: 北京航空航天大学出版社, 2014.

[39] 赵琦. 体能训练理论与方法 [M]. 南京: 东南大学出版社, 2017.

[40] 尹承昊. 体能增长与健身训练[M]. 济南: 山东科学技术出版社, 2013.

[41] 高鄢. 健康与素质拓展 [M]. 武汉: 华中科技大学出版社. 2015.

[42] 于然. 全民健身战略下健身走运动推广的实现路径 [J]. 当代体育科技, 2021, 11（04）: 171-172+175.

[43] 温振迪. 有氧健身跑对大众健身的健康促进研究 [J]. 当代体育科技, 2021, 11（08）: 68-70.

[44] 赵雪梅, 伊涛, 段晓荣. 大学生健身跑研究 [J]. 青少年体育, 2021（02）: 110-111.

[45] 朱琳. "十四五"背景下我国社区体育文化建设的困境及路径研究 [C]// 第三届"全民健身科学运动"学术交流大会论文集. [出版者不详], 2021: 198-199.

[46] 李凌, 朱生根, 邓绍江. "健康中国"引领下中小城市社区体育健身路径的现状调查研究——以新余市为例 [C]// 第三届"全民健身科

学运动"学术交流大会论文集.[出版者不详],2021:127-128.

[47] 董新军,易锋,司庆洛.基于"健康中国2030"的苏南城市社区公共体育服务[J].当代体育科技,2021,11(31):137-140.

[48] 黄东怡,李光华.大众游泳训练指导教程[M].北京:北京邮电大学出版社,2017.

[49] 刘亮,张静.不同年龄人群开展全民健身活动预案研究[J].新西部,2010(05):251-252.

[50] 左海燕.不同年龄人群健身运动处方的设计探析[J].搏击(体育论坛),2012,4(01):9-10.

[51] 王楷槿.关于女性体育健身的几点思考[J].现代妇女(下旬),2013(07):19.

[52] 公为刚,孙兴东.高校特殊体育教学与评价体系的研究[J].当代职业教育,2012(01):46-48+60.

[53] 严君.哮喘病人的运动处方[J].食品与健康,2012(10):9.

[54] 包秀珍,吴苗,张浪利,黄红霞.心脏运动康复对PCI术后病人心肺功能和运动耐力的影响[J].循证护理,2020,6(04):350-354.

[55] 李彤彤.残疾人体育健身相关问题研究[J].科技资讯,2019,17(05):255-256.

[56] 杜国如,曹社华.对我国不同人群体育健身运动分类指导的探讨[J].四川体育科学,2002(02):39-41.